现代乒乓球运动理论与多元发展实践探索

盖华聪◎著

经济管理出版社

ECONOMY & MANAGEMENT PUBLISHING HOUSE

图书在版编目（CIP）数据

现代乒乓球运动理论与多元发展实践探索/盖华聪著 . —北京：经济管理出版社，2023.7
ISBN 978-7-5096-9147-2

I.①现… Ⅱ.①盖… Ⅲ.①乒乓球运动—竞技体育—研究—中国 ②乒乓球运动—体育
活动—研究—中国 Ⅳ.①G846

中国国家版本馆 CIP 数据核字（2023）第 136603 号

组稿编辑：张馨予
责任编辑：张馨予　姜玉满
责任印制：黄章平
责任校对：蔡晓臻

出版发行：经济管理出版社
　　　　　（北京市海淀区北蜂窝 8 号中雅大厦 A 座 11 层　　100038）
网　　　址：www. E-mp. com. cn
电　　　话：（010）51915602
印　　　刷：唐山玺诚印务有限公司
经　　　销：新华书店
开　　　本：720mm×1000mm/16
印　　　张：13.25
字　　　数：217 千字
版　　　次：2023 年 8 月第 1 版　　2023 年 8 月第 1 次印刷
书　　　号：ISBN 978-7-5096-9147-2
定　　　价：88.00 元

前　言

乒乓球在 19 世纪末作为上层贵族的休闲娱乐活动而诞生，进而在欧洲和世界各地流传开来，到 20 世纪初逐渐发展成为一项竞赛性的、有规则的、有组织的、正式的体育运动。作为西方文化的舶来品，乒乓球文化最初传入中国时并没有像其他文化一样遭到本土文化的排斥，也没有出现中西文化间的显著冲突。它反而在中国生根发芽，茁壮成长，成为我国公认的"国球"，并成为中国文化的一个符号。

长久以来，我国的乒乓球运动在国际乒坛上的地位无可撼动，引领着世界乒乓球运动的发展。如何实现乒乓球文化的全球良性发展与传播，尤其是探索我国乒乓球文化国际传播的实际路径，提升我国文化软实力，服务于体育强国的发展战略等，对乒乓球文化传播的历史因素、乒乓球运动的跨文化传播等问题的关注显得尤为迫切。

当前，随着乒乓球运动职业化和产业化的不断发展，乒乓球运动理论体系也得到了进一步的完善与发展，因此，对乒乓球运动的理论与发展进行深入研究与剖析就显得尤为必要，这能为世界乒乓球运动的健康发展提供一定的借鉴与思路，从而推动世界乒乓球运动的可持续发展。

本书共包括七章内容。第一章概述了乒乓球运动的起源、发展及其特点，以及在我国和世界的发展情况。第二章探讨乒乓球运动的多元价值，包括其欣赏价值、身心健康促进价值及社会价值。第三章分析乒乓球运动在竞技运动、大众运动和校园运动这三种不同群体中的发展。第四章从职业化、商业化及市场化三个角度深入探索乒乓球运动的产业化发展问题。第五章论述乒乓球运动文化的多元发展，包括乒乓球运动文化在我国的发展和传播，以及乒乓球运动的娱乐化和竞技化发展。第六章和第七章则从教学角度分析乒乓球运动的教学与训练问题，首先从技术训练、战术训练、营养与健康训练、心理保健训练方面进行阐述，然后深入分析乒乓球运动的教学理念创新、教学方法创新和教学模式创新。

  本书在编写过程中参考了国内外很多相关领域的学者的著作、论文等资料以及相关领域的科研成果，在此对相关作者表示诚挚的谢意。

  由于作者水平有限，书中难免存在不足之处，恳请有关专家、学者、老师及相关读者指正。

盖华聪

2023 年 1 月

目　录

第一章　乒乓球运动概述

乒乓球运动是我国一项具有深厚群众基础，且具有一定的历史渊源的运动项目。本章就分别从乒乓球运动的起源与发展、乒乓球运动的特点、乒乓球运动在我国以及世界范围内的发展与传播进行分析与阐述。

第一节　乒乓球运动的起源、发展及特点

一、乒乓球运动的起源与发展

（一）乒乓球运动的起源

乒乓球运动最初起源于19世纪末期的英国，此后在欧洲得到广泛传播。

乒乓球运动的出现与网球运动存在密切关联。根据有关文献记载，在19世纪后半叶，很多英国大学生受到网球运动的启示，一种极类似现代乒乓球的室内游戏逐渐在英国风靡开来。这种运动在发球之时，可以将球直接发到对方台面或者把球先发到本方台面再跳至对方台面。球拍用羊皮纸贴成，形状为长柄椭圆形，内部是空心的。为了防止球乱跳而损坏其他设施，在橡胶或者软木实心球外，往往包一层轻而结实的毛线。这种游戏可以在饭桌上支起网来打，甚至简单地在地板上放两个椅子当作桌子，中间挂起网就可以进

行。虽然凭借当时的器材不能保证比赛的激烈性，但仍然具有很强的趣味性。

后来，一位名叫詹姆斯·吉布的英格兰人到美国旅行时，偶然发现了一种用赛璐珞材质制成的空心玩具球，这种球具有较强的弹性，因此他将这种材质的球运用到这项游戏中，从而取代了之前所用的橡胶球与实心球。1890年前后，人们开始使用赛璐珞球开展这项运动，这种材质的球逐步在英国及世界各地得到广泛推广。由于当时普遍使用那种球拍击球和球碰球台时会发出奇特的"乒乓"声音，因此这项运动就非常形象地被命名为"乒乓球"。最初，乒乓球运动只是流行于宫廷与贵族之间，后来由于其独特的魅力开始风靡在欧洲的各个角落，并最终走向了国际。

（二）乒乓球运动的发展

1891年，精明的英格兰人查尔斯·巴克斯把"乒乓球"作为商业专利权申请了许可证。

1902年，在英国游学的日本东京高等师范学校教授坪井玄道将乒乓球的整套用具带回日本，乒乓球运动传入了亚洲。1905～1910年，乒乓球运动传入中欧的维也纳和布达佩斯，随后又逐渐扩展到北非的埃及等地。

1900年，英国成立了乒乓球协会，并在皇后大厅举行英国大型乒乓球赛，开创了乒乓球正式比赛的先河。1902年，古德发明了颗粒胶皮拍。

正当乒乓球运动在世界各地传播之际，第一次世界大战使它的开展停顿了一段时期。1918年底随着战争的结束，欧洲许多国家相继成立了乒乓球协会，乒乓球的竞赛活动也在各国之间日益增多。1926年，在英国伦敦举行了第一次国际乒乓球联合会全体代表大会和第一届欧洲乒乓球锦标赛，通过了国际乒乓球联合会。决定第二次国际乒乓球联合会全体代表大会和第二届世界乒乓球锦标赛（简称世乒赛）因经济原因推迟到1928年1月在斯德哥尔摩举行，此次会议讨论了这项运动的名称，最后定为"乒乓"（Table Tennis）沿用至今。同时通过了"21分记分法"，为世界各国比赛的统一记分方法。

乒乓球运动的发展经历了不同阶段，表1-1为世界乒乓球运动发展历程：

表1-1 世界乒乓球运动发展历程

发展阶段	强势代表	年代	技术代表	器材改革	规则变动
第一阶段	欧洲全盛	1926~1951年	削球	20世纪初期以颗粒胶片代替软木拍	1937年网高由17.3厘米降低到15.25厘米，球台宽度由146.4厘米增加到152.5厘米，同时对比赛时间进行限制
第二阶段	日本称雄	1952~1959年	长抽进攻型	1951年奥地利发明海绵球拍，1959年发明了长胶胶皮	1959年国际乒乓球联合会对球拍海绵的厚度予以限制
第三阶段	中国崛起	1960~1969年	日本弧圈球技术；中国近台快攻结合旋转等	日本利用反胶海绵拍发明了"旋弧圈球"	1961年对比赛时间进行修改
第四阶段	欧洲复兴	1970~1979年	奥地利发明横拍弧圈球结合快攻；瑞典发明横拍快攻结合弧圈球	1970年奥地利研制出防弧球拍	1979年国际乒乓球联合会对球板进行修改及补充
第五阶段	中国抗衡世界	1981~1988年	1981年中国发明直拍正手盖打；弧圈横拍防弧进攻型打法	1983年要求球拍两面必须一红一黑或单面红黑	球拍未加覆盖的一面不能击球；运动员在比赛中更换球拍有规定
第六阶段	中国时代	1991年至今	1992年中国发明直拍横打	日本发明炸弹海绵	2000年小球改大球；2001年改为11分赛制；2002年赛璐珞球被塑料球替代

1. 欧洲乒乓球运动的全盛时期

1926~1951年被称作是欧洲乒乓球运动发展的全盛时期。在这25年中，一共举办了18届世界乒乓球锦标赛，其中只有一届是在欧洲以外的地区举办，其他17届均在欧洲举办，可见欧洲乒乓球运动之全盛。在此期间，世界乒乓球锦标赛7个正式比赛项目中，除8项冠军由美国选手获得外，其余都是由欧洲选手获得，因此这一时期名副其实是欧洲乒乓球运动的全盛时期。

在整个世界乒乓球运动的发展历程中，该时期是乒乓球运动的一个相当长的历史发展阶段。从技术打法方面来讲，这一时期所流行的主要是以削为主以及削攻结合型打法。这一时期的主要指导思想就是尽可能减少自己的失误，同时设法让对方增加失误次数。其中具体的原因包括以下几点：

第一，当时的乒乓球技术处于初级阶段，并没有人掌握高级或难度大的技术。削球失误少，攻球失误多，尤其是加力的大板扣杀，技术难度更大。所以当时的运动员做出这种选择是非常容易理解的。

第二，运动员使用的胶皮拍有利于削球打法的运用，因为胶皮拍的特点是弹力小、易掌握，有一定的摩擦力，可让球旋转。

第三，乒乓球台窄、球网高，这种球台也有利于防守。稳健的削球打法是这一时期的主要技术打法。

与现在不同，这一时期的乒乓球运动比赛在时间方面没有限制，因此使得这一时期的乒乓球运动比赛显得冗长乏味。在第 11 届世界乒乓球锦标赛上，国际乒乓球联合会对乒乓球比赛的器材、比赛时间等方面的规则作了修改，才一改之前乒乓球运动比赛的冗长乏味。这个时期的规则变动主要包括球台从 146.4 厘米加宽到 152.5 厘米，球网从 17.3 厘米降低到 15.25 厘米；发球时不能用手指拨动球使其旋转；在五局三胜的比赛当中比赛时间不得超过 105 分钟；在三局两胜的比赛当中比赛时间不得超过 60 分钟。

2. 日本乒乓球运动的称雄时期

1952～1959 年是日本乒乓球运动的称雄时期。1928 年，日本乒乓球协会加入国际乒乓球联合会，并于 1952 年首次参加世界乒乓球锦标赛。在比赛当中，日本选手所运用的是全新的直拍全攻型打法，这对一直处于技术领先地位的欧洲乒乓球队伍形成了很大的冲击，也正是凭借这一创新技术，日本乒乓球运动员战胜了很多欧洲乒乓好手，并且一举夺得了该届世乒赛男子单打、男子双打、女子团体以及女子双打共四项冠军。日本乒乓球队还在第 21 届至第 25 届的世乒赛中蝉联了男团冠军，并且多次斩获该赛事 5 个单项的冠军共计 24 项次。在第 21 届世界乒乓球锦标赛上，日本乒乓球队同时夺得了男女两项团体冠军。在 1959 年于德国多特蒙德举行的第 25 届世界乒乓球锦标赛上，日本队更是一举拿到了 7 个项目中的 6 项冠军，取得了划时代的成功。

日本的乒乓球运动之所以能够取得突飞猛进的发展，原因主要有以下两点：

一是打法独特。直拍远台长抽进攻型打法是日本独树一帜的打法。通过运用这种打法，日本克服了不足，发挥了长处，有利于取得最后的胜利。

二是球拍革新。日本选手使用了海绵球拍，这种球拍可以加快乒乓球的速度和旋转，同时也把乒乓球技术推进到快速阶段。

基于以上两点，从那一时期开始，世界乒乓球技术从欧洲的防守削球时代进入了亚洲的积极进攻时代。

3. 中国乒乓球运动的崛起时期

1960~1969 年是中国乒乓球运动振兴崛起的时期。1952 年 3 月，中国加入国际乒乓球联合会，并于 1953 年第一次参加了世界乒乓球锦标赛。在此之后，经过中国乒乓球队伍的不懈努力，中国男子乒乓球选手容国团在第 25 届世乒赛中成功夺得男子单打的冠军，这也是我国乒乓球运动所获得的第一枚男子单打世界金牌，从而创造了历史。在 1961~1965 年的 3 届世乒赛的比赛中，中国乒乓球队又以独特的打法夺得了 11 项世界冠军，占金牌总数的 52%，其中乒乓球男子团体与男子单打保持了"三连冠"。在第 28 届世乒赛中，中国乒乓球队更是一举夺得了其中的男女团体、男女双打、男子单打共 5 项冠军。中国的乒乓球运动也从此进入了世界先进行列。

总体来说，中国乒乓球运动的崛起主要有以下几点原因：

一是技术独特。在我国的乒乓球打法中，"快、狠、准、变"是一贯技术风格。这些技术风格，让我们一次又一次取得胜利。

二是不断创新的技术打法。中国使用的积极、主动、快速的直板近台快攻打法，既遏制了日本队的中远台攻势，也控制了欧洲的旋转打法。

三是战术应用得当。在比赛中，中国队采用了快打狠压侧身攻和反复调动等一系列有效战术。

4. 乒乓球运动的欧洲复兴时期

1970~1979 年是欧洲乒乓球运动的复兴时期，同时，这一时期欧亚之间进入了乒乓球运动的争夺阶段。

20 世纪 70 年代，乒乓球运动的技术实现了突飞猛进的发展。欧洲运动员在结合中国快攻以及日本弧圈优点的基础上，创造出了弧圈结合快攻与快攻结合弧圈的创新性打法，这就对亚洲的乒乓球选手造成了很大的威胁。

在这一时期，欧洲还涌现出了一大批有实力的年轻乒乓球运动员，其中具有代表性的人物包括瑞典队的本格森，匈牙利队的约尼尔、克兰帕尔，苏联队的萨尔霍扬以及捷克斯洛伐克队的奥洛夫斯基等。

在第 31 届世乒赛上，瑞典队的本格森夺得了男子单打冠军；在第 32 届世乒赛上，瑞典男队打破了亚洲保持长达 20 年之久的团体冠军纪录；在第 33 届世乒赛上，欧洲选手约尼尔与斯蒂潘契奇之间展开了激烈的男单冠亚军争夺；在第 35 届世乒赛上，匈牙利队夺得斯韦思林杯，而南斯拉夫男队夺得男双冠军。欧洲选手在经过 20 年的努力之后又重新走上了复兴之路。

欧洲乒乓球之所以能够复兴，主要有以下四个原因：

一是打法兼收并蓄。在打法全面的基础上突出技术特长。欧洲选手在拉、冲、扣等技术上灵活结合，运用自如，正手、反手、侧身都能进攻，下旋、上旋也能进攻，还创造出了半推半搓式的接发球方法。

二是打法推陈出新。他们吸取了中国快攻打法和日本弧圈球打法的优点，结合自身的传统打法，创造出横拍弧圈球结合快攻和快攻结合弧圈球两种新打法。

三是战术多变。欧洲选手在战术上也有明显的优势，特别是在比赛中的攻防转换快和多，突出了他们的战术变化。

四是比赛与训练相结合。欧洲选手的训练和比赛结合紧密，有时训练就是比赛，同时比赛也是训练。因此，他们对比赛的适应能力很强，尤其是比赛时心理素质的稳定性更为突出。欧洲乒乓球职业化迅速发展，各种比赛频繁，加上待遇优厚，极大地促进了欧洲乒乓球技术的发展。欧洲的复兴与亚洲形成了抗衡和争夺之势。

5. 中国乒乓球运动

1981 年，中国发明直拍正手盖打弧圈和横拍防弧进攻型打法，并且在 1981 年第 36 届世乒赛，中国囊括了全部冠军和 5 个单项的亚军。此后的 3 届世乒赛里，中国队获得 6 个冠军，中国与世界的抗衡也越发激烈。

6. 乒乓球运动的中国时代

1991 年至今是中国乒乓球发展最快的时期。自从 1981 年中国队赢得冠军之后，经历了一段低谷时期。不过，经过 14 年的奋斗，中国队终于夺得第 43 届世乒赛上全部比赛的 7 项冠军，重攀高峰，再创辉煌。

中国乒乓球队自第 43 届世乒赛上获得全胜后，从真正意义上改变了自 20 世纪 80 年代末至 90 年代中期世界乒坛的实力次序。在第 44 届世乒赛上，中国男女队再次保持荣誉，夺得 6 金。1999 年第 45 届世乒赛单项比赛，中国队又一次大获全胜，包揽了 5 个单项的冠、亚军。第 46 届世乒赛上，中国男、女队包揽了所有项目的 7 块金牌。2004~2012 年，在多哈、上海、不来梅、广州、莫斯科、多特蒙德 6 个城市连续 6 届世乒赛上，中国乒乓球队更是包揽了所有项目的冠军。

中国乒乓球队之所以能够步入鼎盛发展时期，主要原因有以下几点：

一是建立完善的机制。乒乓球在中国拥有广泛的群众基础，被誉为"国球"。国家级的运动员一般都是由县、市、省等各级体校多年的精心培养而输送的优秀选手。

二是通过创新来注入活力。中国乒乓球运动在"快、狠、准、变"的基础上增加"转"，在学习、掌握弧圈球基础上发展丰富中国的直板近台快攻打法，从用直拍反胶打快攻到运用两面不同性能的球拍主动进攻，并创新直拍反面击球技术等，这些都是中国乒乓球队长盛不衰的主要原因。

三是勇于提拔新人。中国乒乓球队经常大胆起用新人，为队伍注入活力，而且在比赛中屡出奇兵。另外，随着新队员的加入，技术打法也在不断更新和升级。

四是知彼知己，百战不殆。赛前中国队在训练中会将国外主要选手的技战术优点和缺点仔细进行分析，研究出周密细致的对策，并派专人模仿国外选手进行训练。"知彼知己，百战不殆"是中国队比赛中取胜的关键。

二、乒乓球运动的特点

乒乓球是一项具有广泛群众基础的小球运动，其特点主要表现在以下几个方面：

1. 球体轻、球速快

乒乓球是一项非常易于开展的运动项目，尤其是在中国，乒乓球运动有着"国球"之称。

乒乓球是最小的球类体育运动，原来乒乓球的球体直径仅为 38 毫米，重 2.5 克。2000 年 10 月 1 日，乒乓球运动比赛开始使用直径为 40 毫米的大球，球重为 2.7 克。乒乓球应用赛璐珞材料或类似的塑料制成，在比赛中可以使用白、黄、橙三种颜色。

乒乓球与排球、网球、羽毛球、毽球、藤球等球类运动都属于隔网竞技的运动项目，乒乓球还同网球、羽毛球一道被称为"三拍运动"。乒乓球在体育运动项目中常被认为是"聪明人的运动"，该运动素以速度快、变化多、技巧性强、趣味性高而著称。在乒乓球运动中，乒乓球的球速最快可达 50 米/秒左右，加转弧圈球的转速高达 176 转/秒，各种不同的旋转多达 26 种。同时，乒乓球球小速度快，变化多，能够造就练习者在短时间内拥有对瞬息万变的击球的较强的反应能力和应变能力。

2. 群众基础非常广泛

乒乓球运动对于运动者的反应速度有着非常高的要求，因此能够很好地进行反应速度的训练，它对于参与者的年龄也没有严格的限制，无论是老人还是小孩甚至是患有伤病的残疾人都能够参与乒乓球运动中，因此它具有非常广泛的群众基础。除此之外，乒乓球运动的设备也较为简单，不管是在室内还是室外都能够进行，运动者的运动量也可以根据自身的身体状况以及年龄特征等因素进行合理的安排。

由此可见，乒乓球运动项目的特点决定了它具有广泛的适应性与很好的运动价值，因此开展得非常普遍，具有很广泛的群众基础。

3. 具有很强的健身性与竞技性

乒乓球运动不仅球速非常快，而且富于变化，同时球在来回击打的过程中还带有强烈的旋转，这就能够很好地锻炼运动者的反应能力与临场应变能力，从而起到相应的健身效果。经常参与乒乓球运动的群体往往具有很好的身体协调性与敏捷性，上下肢的运动能力也要优于常人。此外，参与乒乓球运动可以显著改善人体心血管系统的功能，促进机体的新陈代谢，有效增强运动者的身体体质。

乒乓球运动包括单打、双打、团体等形式，比赛双方所使用器材的材质（如球板、胶皮等）也各不相同，打法与技战术的应用各不相同，因此也使得乒乓球运动的比赛充满制约与反制约、适应与反适应的矛盾转化。对于乒乓球运动的参与者而言，乒乓球比赛不仅能够很好地培养自己独立思考与团队作战的能力，同时还能够有效提升自身思想、意志等方面的能力，这也很好地体现出乒乓球运动的对抗性特征。

第二节　乒乓球运动在我国的发展

一、乒乓球在中国的引入

学术界包括体育界一直认为：一个叫王道平的上海商人，他在 1904 年前后，由于经常奔赴日本采购文具，在日本看到乒乓球的表演比赛，于是买了一些乒乓器材（球台、球网、球和带洞眼的球拍）带回上海，摆设店中，并亲自作打球的示范表演和介绍在日本所见识到的人们玩乒乓球游戏的情形，以吸引顾客，这就是乒乓球运动在 20 世纪初的中国播撒下的第一把种子。

然而，如果说在 1904 年乒乓球传入中国，当时的主要体育新闻报刊应有所报道，可当时我国的第一份体育单项类期刊《乒乓球》并没有提及。总之查询相关史实资料，现代对乒乓球传入中国具体时间及地点虽然有所提及，可在最为重要的近代中国的诸多乒乓球书籍及新闻报刊上，未见相应的报道，乒乓球经王道平引入中国的经过等基本历史背景语焉不详，现代相关乒乓球出处的书籍和引用来源不明，乒乓球传入中国的具体时间和地点也一直是人们心中悬而未决的疑惑。

2007 年，国际乒乓球联合会官方网站刊登了设在瑞士的国际乒乓球联合会乒乓球博物馆时任馆长洽克·霍伊先生的一篇论文：《1901 年乒乓球出现在中国的证据》，洽克·霍伊是一位极为热情友好又博学多闻的专家，其文中提到了中国乒乓球起源的具体时间。

2007 年为《科技之光》撰写 40 集科普系列片《科技与奥运》的中国科技新闻学会副理事长、中央电视台科普电视栏目《科技之光》主编赵致真先生，因要海量涉猎相关的体育资料，与国内外很多体育机构进行了联系。洽克·霍伊先生于 2007 年 9 月 7 日给赵致真先生发来一封邮件，谈起他这篇论文中所收集到的一张非常珍贵的明信片，赵致真先生 2007 年在《中国青年报》发表了《一张明信片改写乒乓球传入中国历史》的报道。① 此后，卡片制成的图片曾在 2010 年中国世界乒乓球团体挑战赛期间举办的"世界乒乓球历史回顾展"，由上海体育博物馆展出，随同展出的还有早期画着宫廷仕女图的木质球拍，从英国贵族手持羊皮球拍击球的绘画，到北京奥运会国乒夺冠的大幅图片等 30 件乒乓球发展历程中的各类器具、纪念物，配合图文并茂的展板，同时由上海记者俞剑、周国强在 2010 年 7 月 2 日摄影报道于《新民晚报》。

天津位于北京的东南方，是一个非常大的商业中心。当时天津有很多西方的定居者，考虑到卡片中提到的赛璐珞球是由英格兰球员詹姆斯·吉博于 1900 年发明的，而且乒乓球游戏起源于英国的事实，乒乓球从英国传入到比利时需要一定的时间，乒乓球又从比利时远距离地长途跋涉传入中国，而且此游戏也需要时间在天津走俏并变得"非常流行"，从时间上推定，可以认定 1901 年或 1900 年是乒乓球游戏进入天津的具体时间。之前，我们仅仅是猜测并没有证据证明乒乓球是如何以及何时抵达中国的。可以说此明信片是乒乓球进入中国最早、最为确凿的证据，它确凿无误地证明，乒乓球至少在 1901 年就已经传入了中国，地点是在中国的天津。

二、乒乓球运动在近代中国的发展

1840~1949 年列强入侵、国破家亡、中国劳动人民饱受战乱之苦，疲于奔

---

① 赵致真. 一张明信片改写乒乓球传入中国历史［N］. 中国青年报，2007-09-01（11）.

命、民不聊生，社会发展一度中止，同时也使中国逐步接受西方文化，包括西方体育，乒乓球在此时期应运而生，由西方的定居者带到中国。由于反动统治和战争的影响，使广大人民生活在水深火热之中，没有条件从事体育锻炼，乒乓球运动也不可能得到健康的发展，但是近代中国在乒乓球组织、竞赛、技术、规则等方面都进行了一些有益的探索与发展，为当今我国的乒坛霸主地位与乒乓球事业打下了初步的基础，实现了当初"乒乓人人，人人乒乓"的美好夙愿。

（一）乒乓球运动组织的建立

乒乓球从国外引入中国后，在中国沉寂了很长一段时间。起初阶段，在上海、广州、天津等沿海城市工作的一些外国人和极少数的中国人开展打乒乓球的娱乐活动，然后流行于学校，并且也只限于少数学校，除学校外再难觅到乒乓球的踪迹。后来虽然逐步推广，但也推行得很慢，没有多大进步。直到1916年，由上海中华基督教青年会的童子部干事美人克拉克氏与国人童星门氏、赵士瀛氏三君首创，配备了9张球桌，设置于青年会童子部内，供会员们娱乐，标志着我国乒乓球比赛的开始，也是中国乒乓球组织化的发轫和开端。之后，乒乓球运动逐渐在上海、广州、北京、天津等几个大城市开展起来。1918年，乒乓球开始传布于全国，练习乒乓球的人一天一天多了起来，遂有青年会夜校方面的俞斌祺先生，与青年会日校方面的唐昌民先生，及青年会的干事顾光祖先生，一起倡议发起组织成立了一个上海乒乓联合会，并于1923年首次举办了比赛。比赛采取对抗方式，11人参赛，先胜六盘者为赢。同年，全国乒乓球联合会在上海诞生，中国乒乓球运动从此得到了初步的发展。1935年，中华全国乒乓球协会在上海成立，乒乓球在我国开始被列为正式的体育项目。①

（二）乒乓球赛事的开展

成立于1918年的上海乒乓联合会对我国乒乓球赛事示范贡献颇多，1919年后上海乒乓联合会开始组织乒乓球团体比赛。1921~1930年，各种乒乓球竞赛接连不断，许多比赛由乒乓球团体发起，奖品由机关或商店捐赠。许多单位

---

① 魏秀春．中外文化交流史轶闻趣事［M］．济南：山东画报出版社，2008.

为了积极参与，都组织球队进行比赛。当时上海知名的球队有华一队、圣约翰大学队、中国台球研究会队等。以后又出现了由各单位较高水平运动员组成的混合队，如天马队、精武队、琅琊队、广东同乡会队等。1925 年后，香港也组织了一个乒乓队。从 1926 年开始，广州有了正式的乒乓球比赛。1927 年，戴季陶先生在广东发起运动会，把乒乓一项也列入锦标比赛之中。之后，广州、香港、澳门等地之间经常举行乒乓球比赛。这时，天津、北京都已出现一些实力较强的乒乓球队，并且在两地之间经常举办友谊赛。青岛、济南等一些华北的中等城市也组织过规模较大的乒乓球比赛。从此以后，国内各地逐渐有了乒乓球比赛的举行。自此，乒乓球相关比赛在社会各界获得广泛呼应，乒乓球活动从学校逐步扩展到社会各界，各行业和省市地区的比赛逐渐如火如荼地开展起来，国人对乒乓球的热情达到了空前的高度。

1924 年，经乒乓球界热心人士的努力，终于将乒乓球列为全国运动会（简称全运会）的表演项目。

（三）乒乓球技战术的演变

1. 乒乓球技术演变

《乒乓》是我国最早开展系统技术的研究成果之一，认为"若能本不慌、不忙、不骄、不慢之义，奋斗到底，锦标可望矣"。

《乒乓球训练法》是我国较早开展系统技术的研究成果，对球拍握法有独到之处，如"以大拇指与食指，握于拍柄中间，再以其余三指，按于板后中央。初学者二指往往用力不均，以致击出的球，方向无定。此坐握板不稳之病，学者当使二指紧捏板，不致成侧式，以板面向网击球，练习既熟，自能得心应手矣"。同时对发球、挡球法、击球及左右法、知悉球性法、缩球法、推球法、转球法、削球法、抽球法、挡球抵敌法等都有详尽说明，是当时练习乒乓球技术的指南。

2. 器材与技术的演变

1937 年国际乒乓球联合会对球网和球台高度都进行了改革，降低高度，实质上鼓励了进攻。随着规则针对性的改革，乒乓球球台的加长以及球网的降低，乒乓球也由软球改为硬球，于是打法也由防守型转向进攻型，这些促进了新技术、新打法的发展。所以器材与技术发展是紧密相连的，有什么样的器材，就会有相应的技术出现。商家从中窥到巨大的商业价值，纷纷制造相应器材，供爱好者选购。

我国最早的乒乓球比赛，技术非常简陋，由于使用的是纯木板的球拍，并在球板的中部钻出横直各四五行拍成菱形状的小孔，大多质量很轻，所以击球速度很慢，打球的攻防动作都很慢，只有挡球的技术，很多时候都是站在近台彼此推来推去而已，有些运动员已开始采取提拉动作，但速度力量较差，互相强烈的对攻则更是少见。到了 1937～1948 年，开始用胶皮拍，技术有所改进，比赛中经常采用快速的攻球和远台的削球。我国乒乓球运动从 20 世纪 20 年代一直到 40 年代，基本上处于一个完全模仿的阶段，主要靠学习国外乒乓球运动员的技战术打法，没有形成自己独特的技战术风格。直到中华人民共和国成立后，在 1957 年中国才发明直拍削球和左推右攻技术。开创了新的握拍姿势，修正了日本式的直拍握拍弱点，照应了攻守两端的均衡，以及新的站位方式，世界乒乓球运动从此才有了中国元素。

（四）乒乓球规则的变化

1. 国内规则的制定

当乒乓球传入中国，早期开展乒乓球比赛的时候，由于国际上也无统一的乒乓球规则可以遵照，所以尚无乒乓球规则可以应用。"室内游戏之事，张网于长方形之桌上，其规则则与网球同，惟拍子用木板，而球则以明角等质料为之，轻而不能及远。"① 其比赛方法及规则等，均参照网球比赛的方法。

初期阶段比赛规则大多临时指定，比赛时不但拍子的重量、大小、形状等均无规定，至于最为重要的器材——球台的长宽高低，也常因人而异，往往利用现成的桌面，球的质量也差，有所谓的"单双料"之分，每场比赛往往要打坏很多球。我国在乒乓球比赛进行的时候就深知乒乓球规则的重要性，在 1924 年 3 月 1 日召开的上海乒乓球联合会春季会上全体讨论并通过，并于 1924 年 9 月 1 日由上海乒乓球联合会林泽苍主编《乒乓规则》。

---

① 王倘. 中国教育词典［M］. 上海：中华书局，1933.

除了上海已经初定乒乓球规则外，国内其他城市也开始制定相应的规则，以指导比赛的进行。1933 年《体育画报》就报道了天津乒乓球比赛规则，其划分较详细，有 42 条要目，其中规定"乒乓球桌面长 9 英尺，阔四英尺八寸；桌高二英尺七寸；桌面需用坚硬的木料为之，以标准球之离桌五尺高处下坠之台上，须有平均二尺五寸至二尺八寸之高弹力性。桌面须平滑，板之厚度在一寸半之间。桌面须涂以深绿色颜料不宜加漆，并涂以 3/4 寸阔之白线于桌边之四周，然漆厚需用不影响球之弹性。乒乓球室内之空隙，须离桌面两端各十英尺，两旁各六英尺，自桌面之天花板九英尺。发球范围平方三尺八寸，一段与阔底线相接，围绕发球范围变线须列各线……"①

2. 万国规则的制定

提倡乒乓者，日盛一日，而完美标志之规则，尚付阙如。随着乒乓球在国内的传播，比赛的增多，各省级、各行业及各单位交往的频繁，规则混乱导致的纷争也逐渐增加，规则的统一及标准化愈加重要。中日两国有鉴于此，于 1927 年 2 月 22 日，召集各国代表，进一步会议乒乓规则。当时有中国代表、日本代表、美国代表、英国代表等。许多乒乓专家，聚集一处，专门讨论乒乓规则，包括比赛方法、比赛制度、比赛概括等。在第 8 届远东运动会上，第一次把乒乓球规则实地施用，获得高度评价。所以有人称之为中日协定标准乒乓规则，也有人称它为万国乒乓规则。其后在 1948 年，第七届全国运动会筹备委员会制定了《乒乓规则》，这本《乒乓规则》64 开，14 页，无编辑出版单位，此《乒乓规则》一书有很强的商业色彩。

乒乓球比赛规则的不断完善，不但推动了此项运动的发展，促使技术的改变和发展，同时避免了比赛时因不懂规则导致成绩不利的局面和影响，最为重要的是为我国乒乓球同世界乒乓球发展的接轨铺平了道路，指明了方向。

三、乒乓球运动在当代中国的发展

（一）中国乒乓球队的第一次发展

1952 年 11 月 15 日，中央人民政府委员会第 19 次会议上通过并成立中央

---

① 天津乒乓球比赛规则——一个修正案［J］. 天津体育周报，1933，2（4）：11-14.

人民政府体育运动委员会（中央体委），任命贺龙为主任。中央体委是后来国家体委的雏形。1954年第一次全国人民代表大会召开，成立国务院，国家体委也应运而生。9月28日，第一届全国人民代表大会第一次会议决定贺龙副总理兼任国家体委第一任主任。

贺龙是我国第一任国家体委主任，是新中国体育的奠基人。他不负众望，以其威望、干练和对体育的热爱，使中国体育事业大踏步前行。短短十几年，他把中国的竞技体育推到亚洲无可争议的第一，西方体育界不得不正视中国体育的存在。

1952年，中华全国体育总会乒乓球部正式加入国际乒乓球联合会，随后我国乒乓球国家队宣告成立。1952年10月，中华全国体育总会主办的全国乒乓球冠军赛在北京举行，获得男女单打冠军的分别是姜永宁、孙梅英，从参赛选手中遴选出的19名运动员在北京开始了集训，以备战次年的新加坡亚锦赛和第20届罗马尼亚世乒赛。

当时参加集训的队员有姜永宁、冯国浩、杨开运、欧阳维、陆汉俊、李宗沛、王传耀、岑淮光、李仁苏、夏芝仪、王吉禄、李锵、孙梅英、李麒书、柳碧、蔡秀娱、方亚珍、邱钟惠和黄文秀，总教练是来自广东的梁焯辉。他是新中国第一位乒乓球教练。从1952年起，梁焯辉先后担任广州市、广东省、中南区队教练，后又任国家队第一任教练，直至1958年。1953年第20届世乒赛，中国男乒首次参加这一大赛，当时取得二级队第三名。三年后的第23届世乒赛，中国男乒第二次出战，这次跃居一级赛第六名，同时姜永宁成为第一个在世乒赛上击败世界冠军的中国选手。第24届世乒赛，中国男队一举打入半决赛，成为国际乒坛一支公认的强队。

集训一个多月后，由于新加坡方面拒绝签证，亚锦赛参加不了，李仁苏、岑淮光和邱钟惠便返回了原籍，剩下的16名运动员和梁焯辉教练一道备战世乒赛。这便是第一支中国乒乓球队。当时这些队员用的都还是胶皮拍，武器虽然简陋，打法却是五花八门：姜永宁是直拍削球手、杨开运是直板攻球手、欧阳维是直板挡攻削三结合、冯国浩是横板攻球手、李宗沛擅长推挡、陆汉俊则擅于小路球。

1953 年 3 月，组建不到半年的中国乒乓球队出征罗马尼亚第 20 届世乒赛。布加勒斯特的弗洛利亚斯克体育馆见证了中国乒乓球队在世乒赛上的首次亮相：团体赛上由王传耀、姜永宁、冯国浩等组成的中国男队位列小组第 4，排世界甲级队第 10 名；而以孙梅英、李麟书为主的中国女队也列小组第 4，排乙级队第 3 名。在单打比赛中，中国队无一人能闯过第三轮。战果虽谈不上辉煌，但这是中国乒乓球选手第一次登上世乒赛的舞台。中国乒乓球队此后五十年笑傲世界乒坛的恢宏画卷正是由此展开。

1956 年 4 月，第 23 届世乒赛在日本东京开幕。中国团队的主将是姜永宁、王传耀、岑淮光和孙梅英。团体赛第一天，中国男队就击败了越南队和美国队，爆出两个冷门，接着，姜永宁又在与英国队的比赛中击败了两次获得世界冠军的名将李奇，这是中国人首次在大赛中击败世界冠军。本届世乒赛后，中国男队被评为甲级队第 6 名，女队也升至甲级队第 11 名。

1956 年 4 月，第 23 届世乒赛男团亚军罗马尼亚队访问上海，上海市体委派杨汉宏、徐寅生和薛伟初组队应战，当时的徐寅生还在工厂做钳工。赛前，舆论界最担心的问题是上海队会不会"吃鸭蛋"。首局杨汉宏凭借其独到的正手侧身攻，居然战胜了哈拉斯托西。第二局，年仅 18 岁的徐寅生对阵甘特纳，徐寅生终因战术变化少败下阵来。稍事休息，他又与薛伟初配合双打，就是在这场比赛中，徐寅生首次使用了他发明的新式发球，正手右侧上旋急球。赛后不久，上海体委就成立了乒乓球队，徐寅生从此开始了乒乓生涯。

在 1957 年第 24 届瑞典世乒赛上，国际乒乓球联合会决定将世乒赛自本届起改为两年一届。

1958 年，中国乒乓球队再次组织集训，以备战 1959 年第 25 届德国世乒赛。自 1952 年首次出现在世乒赛至今，中国队的成绩提高很快，第 24 届世乒赛，中国男队已获团体第 3 名，跨入了世界一流强队的行列。中国男队拥有王传耀、姜永宁、傅其芳等老将，还有岑淮光、杨瑞华、胡炳权等年轻小将，这些队员打法各异，每人都有自己的独门绝技。

当时乒乓球集训的训练馆就在北京体育馆练习馆的两侧，中间是几块篮球场和排球场，两边用铁丝网拦住。总共十几张球台，有的台面还有裂缝。训练馆内没有浴室，队员只能到附近的澡堂泡澡。条件虽然艰苦，但队员们的训练热情都很高。

1959年3月，经过近一年集训，中国乒协最终确定了第25届世乒赛的参赛名单：王传耀、容国团、杨瑞华、胡炳权、徐寅生、庄家富、李仁苏和姜永宁，再加上女队的孙梅英、邱钟惠和叶佩琼，11员大将整装待发，剑指多特蒙德。

中国乒协决心起用新人，用凶狠的打法与日本队决一死战。从赛前分析来看，反手进攻是日本队员的软肋，中国队比日本队打法更为先进，日本队也把中国男队看作最强大的对手，但中国队员对夺得斯韦思林杯很有信心。为了适应欧洲人的打法，世乒赛前，中国队还与匈牙利队进行了一场友谊赛，结果中国队以5：2胜出，士气大增。

1959年3月底，第25届世乒赛燃起战火。团体赛上，中国男队一路顺风顺水，以全胜战绩闯入半决赛，对手是匈牙利队，胜者将与日本队争夺团体冠军。

距离斯韦思林杯越来越近，赛场上的气氛也越发紧张起来。中国队虽然此前战绩不错，但队员思想包袱过重，此时的竞赛状态并不理想，在半决赛中，中国队派王传耀、容国团、杨瑞华出战，匈牙利队派西多、别尔切克、福尔迪应战。前六局，双方打成三平。第七局王传耀对阵别尔切克，这局比赛非常关键，只要王传耀能拿下来，中国队基本可保胜利。王传耀此前曾与别尔切克交手九次，九次全胜，可偏偏就是在这关键的第十次，他发挥得大失水准，竟以0：2败北，最终导致中国队以3：5负于匈牙利队，结束了对斯韦思林杯的争夺。男团失利后，大家便把目光都投到了男单比赛上。容国团迅速摆脱了男团失利的阴影，在男单比赛中一路过关斩将，杀入决赛，对手正是团体赛上的老冤家——匈牙利队老将西多。赛前，几乎所有人都看好西多，他的队友甚至已经为他准备好了庆祝的鲜花，就放在赛场挡板的后面。

比赛开始了，容国团以19：21先失头局后，第二局加强拉球的旋转和落点变化，又配合搓球，打得西多顾此失彼，这一局西多只得了12分。第三局，西多采用削球加转、紧逼两角的战术，容国团从容不迫，以凶对凶，再下一局。第四局，容国团利用正手拉侧上旋，使西多进攻难以瞄准，攻势随之减弱，最后，记分牌被定格在 21：14。

容国团赢了！象征世界乒坛男单最高荣誉的圣·勃莱德杯上第一次刻下了 Rong Guo Tuan China 的字样。当容国团的名字被刻到代表男子最高荣誉的圣·勃莱德杯上的那一瞬间，中国没有世界冠军的尴尬历史结束了。从此，世界冠军的神秘大门向中国人打开了。

容国团在第 25 届世乒赛上拿到男单金牌回国后，毛主席、周总理等国家领导人接见了容国团和中国乒乓球队，表扬了乒乓球队的成绩。

在第 25 届世乒赛上，国际乒乓球联合会代表大会通过了 1961 年在中国北京举办第 26 届世乒赛的决议。新中国第一次承办国际大型体育比赛，像北京上空一道响亮的春雷。国家体委主任贺龙元帅指示说："我们一定要打好、办好第 26 届世乒赛。"运动员们也立志，要在家门口打场漂亮仗。

为备战第 26 届世乒赛，国家体委根据指示，搞了一场乒乓大会战，选出了 108 名运动员组成集训队，于 1960 年 12 月在北京开始了集训。集训队遵从"三从一大"的训练方针，即从难、从严、从实战出发、大运动量的训练，水平提高很快。贺龙元帅还要求体委领导到乒乓队去蹲点，在训练中实行领导、教练员、运动员三结合的办法。正当中国队员满怀信心准备在即将到来的世乒赛上横扫欧洲，与日本队决一死战的时候，匈牙利队访华给中国队带来了不好的消息，日本选手发明了"弧圈球"，把欧洲选手打得一筹莫展，日本队扬言要用这一秘密武器再度称霸世界乒坛。

这一新动向引起了中国乒乓球界的关注，国家体委等领导同志同教练员、运动员一起商量对策，国家体委体育科研所的同志们也四处搜集资料，通过分析研究和模仿试验，中国队员终于对"弧圈球"摸到了一点门道。此时距世乒赛开赛仅剩三四个月，时间紧迫，胡炳权、薛伟初等老队员毅然放弃了参加世乒赛的机会，学习弧圈球给主力队员作陪练。他们这种甘当铺路石的举动感动了全队，也带动了廖文挺、吴小明、余长春等一批年轻队员加入陪练的队伍。

一段时间之后，主力队员基本适应了弧圈球，当时日本队正好在中国香港访问比赛，为了进一步摸清情况，庄家富去香港进行了"火线侦察"。他在现场仔细研究了日本队员的弧圈球，认为中国队的弧圈技术掌握得很精确，同时还发现了弧圈球的弱点。庄家富的这趟出访为中国队吃下了一颗定心丸。

1961年4月4日，第26届世乒赛开幕。能容纳15000名观众的北京工人体育馆座无虚席。中国男队最终确定的团体阵容是：容国团、王传耀、庄则栋、李富荣和徐寅生，他们一路过关斩将，在半决赛中以5∶1战胜匈牙利队。4月9日，男、女团体决赛开赛，两场比赛的对阵双方都是中国队和日本队。女团决赛首先开始，日本女队经过五局鏖战，以3∶2获胜，实现了她们在世乒赛女团比赛中五次夺魁、三次蝉联的梦想。

中国男队的决赛阵容是庄则栋、徐寅生、容国团。中国队以5∶3击败了日本队。第一次捧得斯韦思林杯。这枚男团金牌凝聚着中国乒乓球队九年的梦想、九年的汗水、九年的付出，在第26届世乒赛，在中国人的家门口，中国队员将金杯高擎在手中。

这座斯韦思林杯就像中国队的一针强心剂，在接下来的单项比赛中，庄则栋、李富荣、张燮林和徐寅生包揽了男单前四名。在女单决赛中，邱钟惠苦斗五局力克匈牙利名将高基安，捧得吉·盖斯特杯，这是新中国体育界的第一块女子金牌。男团、男单、女单金牌相继入账，在第26届世乒赛上大丰收的中国乒乓队震惊了世界。如果说第25届世乒赛容国团夺得男单冠军是中国队崛起的一个信号，那么在第26届世乒赛中共获3项冠军、4项亚军、8项季军的中国队已确立了乒乓强国的地位。

取得了成绩、赢得了荣誉的中国队并未就此停滞。1963年4月，第27届世乒赛于捷克斯洛伐克首都布拉格举行。在这届比赛中，中国男队继续保持优势，夺得男团冠军、包揽男单前四名、获得男双金银铜牌。中国队此番出征，派出了秘密武器——直拍削球手张燮林。与男队的全面辉煌相比，本届比赛中国女队的成绩有些不尽如人意。凡是有女运动员参加的项目：女团、女单、女双和混双，中国队片金未得。受到挫折的中国女将们被触动了，她们立志要在第28届世乒赛上打场漂亮的翻身仗。当时孙梅英、邱钟惠等老将已经退役，郑敏之、梁丽珍、李赫男、李莉、林慧卿等年轻队员主动请缨，担起了出征第

28届世乒赛的主力任务。孙梅英、梁友能等教练还发明了"小弧圈球"打法和"多球极限训练法"，女队员的技术有了很大提高。

1965年4月，第28届世乒赛在南斯拉夫卢布尔雅那开幕。由梁丽珍、李赫男、林慧卿、郑敏之组成的中国女队顺利杀入团体决赛，对手正是日本队。时任女队教练的容国团排出奇阵，用林慧卿、郑敏之两员削球手出战，打了日本队一个措手不及。最终她们以3：0战胜了蝉联四届冠军的日本女队，首次捧得考比伦杯。接着，林慧卿、郑敏之又在女双比赛中夺魁。中国女队连夺两金，从此吹响了崛起的号角。

在女队打响翻身仗的同时，男队也连奏凯歌，庄则栋、张燮林、李富荣组成的团体阵容在决赛中击败了由木村兴治、小中健和高桥浩组成的日本队，再度蝉联斯韦思林杯，李富荣在比赛中立下了头功，在中国队首局告负的情况下，李富荣与小中健苦战三局把比分扳平，中国队以3：2领先，李富荣再度登场，力克老对手木村兴治，确保中国队的领先优势，最后中国队以5：2击败对手，摘得桂冠。男团比赛之后，庄则栋在男单比赛中夺魁，这是他连续第三次获得世乒赛男单冠军。再加上第25届容国团夺冠，中国队已连续四次捧得圣·勃莱德杯。在男双比赛中，中国队囊括了前四名，冠军得主为庄则栋、徐寅生。

在第28届世乒赛上，中国队取得五枚金牌，这是中国乒乓队参加世乒赛以来的最好成绩。

20世纪70年代，经过20年历练的中国乒乓球队从青涩走向成熟，在20世纪80年代的世界乒坛浓重地写下了中国人的精彩。

1979年，从第35届平壤世乒赛上归国的中国乒乓球队承受了很大的压力，时任中国男队主教练的李富荣更是成为人们议论的中心，群众的批评信纷至沓来。近20年来，中国乒乓球队参加世乒赛的战绩一直不错，在中国球迷的心目中，中国乒乓球队就是一支冠军的队伍，拿亚军都意味着失败，男子全面败北的第35届世乒赛，更被认为是一次"惨败"。一位球迷甚至给李富荣寄来一只剪成圆形的鞋垫，并附信说"这只鞋垫是奖给你的勋章"。面对这些来自群众的尖锐批评，中国乒乓球界"知耻而后勇"，将来自各界的压力化为了奋斗的动力。大家认识到，第35届世乒赛男队失利的主因就在于打法缺乏创新。此外，面对以匈牙利为代表的欧洲两面拉弧圈球结合快攻的凶狠打法，我国的直拍快攻被动防御太多，主动发力进攻太少，针对这些弱点，中国乒协重新调整组织了集训，誓打翻身仗。谢赛克、蔡振华、施之皓和江嘉良就是这时候被选入国家队的。

1981 年 4 月，第 36 届世乒赛在南斯拉夫诺维萨德开幕。在男团比赛中，中国队与匈牙利队分别以全胜的战绩闯入决赛。匈牙利队出场的还是上届团体赛的原班人马：克兰帕尔、盖尔盖伊和约尼尔，中国队则派出了三位小将：谢赛克、蔡振华和施之皓。前五局，施之皓独丢两分，中国队以 3：2 暂时领先，关键的第六局，由蔡振华对阵盖尔盖伊，第三局打到 15 平，蔡振华手握发球权，连得 5 分，盖尔盖伊只得摇头认输。第七局谢赛克对阵克兰帕尔，谢赛克在先失一局的情况下连扳两局，为中国队夺回斯韦思林杯拿下最后一分。

男队打了场漂亮的翻身仗，女队成功卫冕，中国队在这届世乒赛上打了个开门红，在之后的比赛中，中国队一鼓作气，拿下了五个单项的所有金银牌。

一支队伍在一届世乒赛上囊括七项锦标并包揽五个单项的冠亚军，这是世乒赛史上空前的奇迹。中国队在第 36 届世乒赛上大获全胜的消息迅速传遍全球，世界为之震惊，中国队用七枚耀眼的金牌向世界宣告：中国是不折不扣的乒乓强国！

中国队在第 36 届世乒赛上创造的奇迹是中国队员两年刻苦训练的成果，是中国乒乓球队的骄傲，也是工作在中国乒乓球界的所有教练员的骄傲。没有各省基层体校的培养，没有无数基层教练的辛勤耕耘，也就没有中国乒乓球队这支富有战斗力的队伍。

第 36 届世乒赛的全胜战绩确立了中国乒乓球队在世界乒坛的霸主地位，而且在之后的数年间不可撼动。从 1983 年的东京到 1985 年的哥德堡，再到 1987 年的新德里，中国乒乓球队在这三届世乒赛上充分展示了自己的非凡实力，每届世乒赛都只有一项失手，摘得了三届世乒赛总共 21 项锦标中的 18 项，而南斯拉夫的舒尔贝克和卡列尼茨、瑞典的阿佩伊伦和卡尔松、韩国的梁英子和玄静和分别摘走了第 37 届、第 38 届世乒赛男双冠军和第 39 届世乒赛女双冠军。

但进入 20 世纪 80 年代末，中国男队的隐患渐渐显现出来。匈牙利、捷克斯洛伐克、罗马尼亚等欧洲乒坛的老牌劲旅虽然已渐渐没落，但以瑞典队为代表的新兴贵族实力日益强大，对中国队形成了威胁。起源于欧洲的横板弧圈球打法渐渐成为世界乒坛的主流，而中国传统直板快攻打法劣势也一点点暴露出来：只能近台不能远台，只能打前三板不能相持。

　　此外，中国男队的人才储备也不像 20 世纪 80 年代初那样丰富，老将如江嘉良、蔡振华竞技状态已大不如前，而王浩、马文革等一批年轻小将的实力还不足以征战世界大赛。

　　1989 年 3 月，隐患重重的中国队来到了多特蒙德第 40 届世乒赛的赛场上，这是 30 年前容国团为中国夺取第一个世界冠军的地方。中国队这届世乒赛的男团的主力阵容是江嘉良、陈龙灿和滕义，在决赛中，他们 0：5 惨败给瑞典队，失掉了已保存八年之久的斯韦思林杯。不仅如此，团体失利的中国男队在单项比赛中也未能用最终的胜利来捍卫"世界乒坛霸主"的尊严，男单、男双和混双冠军也分别被瑞典队、德国队和韩国队夺得。

　　这届世乒赛的男单冠军是瑞典的瓦尔德内尔。经历了第 37 届、第 38 届、第 39 届世乒赛失败的洗礼，瓦尔德内尔成熟了，他终于在第 40 届世乒赛上一飞冲天，在此后的十余年间，瓦尔德内尔一直是横亘在中国运动员前的一座大山。

　　仿佛十年前的历史在这里重演，但今天的现实更加残酷。在 20 世纪 70 年代的最后一届世乒赛上，中国男队输得很惨，而在 20 世纪 80 年代的最后一届世乒赛上，中国男队竟连混双冠军也没有拿到。中国乒乓球队意识到，我们一直奉为尚方宝剑的直拍近台快攻技术落后了，在欧洲两面弧圈结合快攻的大力围剿下，只有创新，才有生路，只有创新，才有活路，只有创新，才能延续中国队过去的辉煌。十年前的中国队知耻而后勇，卧薪尝胆，在 20 世纪 80 年代的第一届世乒赛上打了场漂亮的翻身仗，并且创造了包揽全部金牌的奇迹，处在同样困境的中国队还能与十年前一样用最短的时间再创造一个奇迹吗？

　　1991 年日本千叶世乒赛上，中国男队的主教练由许绍发换成了郗恩庭。两年前多特蒙德的失利使中国队意识到直拍快攻技术的落后，这届世乒赛，中国男团阵容中的马文革、王涛、陈志斌、张雷是清一色的横板，只有上届世乒赛男单第3名于沈潼是直板。可这支横拍队伍并未能给迷茫中的中国队带来曙光，在1/4决赛的对手捷克队面前，中国男队便停止了前进的脚步，最后，仅获团体第7名。而瑞典队已经成长为世界男子乒坛最为强劲的队伍，他们在这届世乒赛上不但蝉联了男团冠军，还获得了男单和男双金牌。在中国男队失利的同时，中国女队也在团体决赛中负于朝韩联队，不得不将1975年就落户中国的考比伦杯拱手让出。但也就是在这届世乒赛上，中国女队传奇人物邓亚萍开始了席卷世界女子乒坛的历程。邓亚萍虽然在女团决赛中输给了朝鲜名将俞顺福，但她摘得了女单冠军，从这时起，世界女子乒坛进入"邓亚萍时代"。此外，在本届世乒赛上，陈子荷、高军和王涛、刘伟还分别为中国队摘得了女双和混双冠军。虽然在单项上也有收获，但男、女团体的双双失利，特别是男团跌至第7名，使从千叶归来的中国队上上下下蒙上了一层灰色，中国乒乓球队进入了一段极其困难的时期。

处在困境中的中国乒乓球队正在孕育新的希望。在许绍发的大力推荐下，1989年从意大利回国的蔡振华，在这个时候挑起了男队主教练的担子，他率领中国乒乓球队在泥泞中前行，人们以期冀的目光注视着这支队伍，希望它能早日重回世界巅峰。在当年举行的第2届世界杯团体赛上，中国男队在决赛中战胜瑞典，夺得男团冠军。

以孔令辉、刘国梁为代表的一批年轻小将此刻正在一步步走向成熟。1992年，在成都举办的中国大奖赛上，年仅16岁的刘国梁以一招"直拍横打"技惊四座。他在这次比赛中战胜了瓦尔德内尔、金泽洙等世界名将，中国传统直板快攻打法又燃起了新的希望。1992年巴塞罗那奥运会，蔡振华决定将男子双打作为突破口，夺冠重任就落在了王涛、吕林的肩上，他们果然不负众望，在决赛中战胜德国名将罗斯科夫、费茨纳尔获得冠军。这块奥运会金牌为中国男队的复苏吹响了号角。而邓亚萍也在本届比赛中一人独得女单、女双两块金牌，成为巴塞罗那奥运会乒乓赛场上最耀眼的明星。

在1999年荷兰世乒赛期间的国际乒乓球联合会代表大会上，徐寅生让出了国际乒乓球联合会主席的位置，加拿大人沙拉拉继任。沙拉拉上台后，对乒乓运动做了一系列的改革。第一项，就是改大球，在过去的比赛中，选手们使用的都是直径 38 毫米的小球，自 2000 年 10 月 1 日起，改用直径 40 毫米的大球。虽然只有 2 毫米的区别，但乒乓球的两项基本要素：速度和旋转都因为这小小的 2 毫米而产生了革命性的变化。

2001 年在日本大阪举行的第 45 届世乒赛是大球时代的第 1 届世乒赛，中国乒乓球队对大球的适应情况将在这里得到全面的检验。由新时代的"五虎上将"——刘国梁、孔令辉、王励勤、马林、刘国正组成的中国男团，立志在这届世乒赛上从瑞典队手中把斯韦思林杯夺回来。男团比赛的结果，中国队、韩国队、瑞典队和比利时队一起进入半决赛。有老将瓦尔德内尔、佩尔森压阵的瑞典队意外负于比利时队无缘决赛，赛后，瓦尔德内尔黯然地离开赛场，随着年龄的增长、竞赛规则的改变，曾经在乒坛翻云覆雨的瓦尔德内尔不得不渐渐退出超一流强手的阵营，而纠葛近 20 年的中瑞之争到此也暂告一段落；在另一半区的中国队与韩国队之间的半决赛打得异常激烈，由于孔令辉意外地接连负于金泽洙和吴尚垠，中国队的年轻小将刘国正不得不在决胜局上场，死拼韩国老将金泽洙。比赛中，刘国正一直处于下风而且首局告负，在这样的不利形势下，他在两局里连扳七个赛点获胜，把中国队从悬崖边拉了回来。而这场比赛也是韩国男队距离斯韦思林杯最近的一次，在短短的一局比赛中七次与胜利擦肩而过的金泽洙走下赛场后在挡板外哭肿了双眼。这场比赛堪称是世界乒坛的经典之战，曾担任过中国乒乓球队总教练的李富荣看完比赛后激动地对记者说："我在乒坛 40 年没见过这么精彩的比赛！"

在第 46 届世乒赛上，国际乒乓球联合会代表大会通过决议，从第 47 届起，世乒赛的单项和团体比赛分开在两年进行，并由不同的国家承办。同时还通过了两项新的竞赛规则：改现行的 21 分制为 11 分制和发球实行无遮挡。11 分制完全打乱了运动员过去十几年练就的技战术系统，而无遮挡发球使好多过去依靠变幻的发球取胜的选手没有了用武之地。尽管国际乒乓球联合会主席沙拉拉强调改革不是针对中国，但这两项规则的改革确实对中国的很多选手产生了相当大的负面影响，而那些基本功扎实、以相持球见长的运动员在新规则面前仍然保持着强者的风范，世界各国一些年轻而富有实力的小将也渐渐涌现出来。

（二）中国乒乓球队的第二次发展

将中国乒乓球队为新中国夺得第一个世界冠军，乒乓球此后逐渐成为中国的优势项目作为第一次发展；2002 年釜山亚运会和世乒赛失利后重整旗鼓，在 2012 年伦敦第 30 届奥运会上，中国乒乓球队继 2008 年北京奥运会，又一次包揽全部比赛的 4 枚金牌，胜利完成第二次发展计划纲要的各项任务。

2002 年 9 月开幕的釜山亚运会是大球、11 分制和无遮挡发球三项新规则全面实施后的第一次大赛。出征前，中国队主教练蔡振华给乒乓队定下了四枚金牌的任务指标，当时很多人都觉得蔡指导可能保守了些。比赛开始不久，女队头号主力王楠就在与朝鲜队的团体决赛中失手，一人丢掉两分，致使中国女队首次失掉亚运会女团金牌。之后，王楠又在混双和女双比赛中相继失利，均无缘决赛。在最后一项女单比赛中，王楠终于找回了感觉，闯入决赛，虽然最终负于队友张怡宁，但这已是王楠在这届亚运会发挥最好的一场比赛，这时的王楠已经从失败的阴影中走出来，又恢复了"乒坛大姐大"应有的风度。

自 20 世纪 60 年代以来，中国乒乓球队坚持高度集中的训练体制，取得了辉煌的成绩。进入 90 年代后，我国的其他体育项目如足球、篮球等相继开展联赛，既开发了市场，提高了该项目在社会上的影响力，又为运动员开创了新的收入来源。在这样的大环境下，乒乓球管理体制也面临着改革。"双轨制"就在此时应运而生了。所谓"双轨制"，就是运动员以双重身份进行注册，既代表省市参加全运会和全国锦标赛，又代表俱乐部参加俱乐部联赛和其他商业性比赛。这样可以一举三得：各省市不仅参加全国比赛的利益能得到保护，还可以在运动员转会中获得收益。高水平的运动员出场影响大，广告效益好，企业有积极性。运动员增加了比赛机会，获得了企业给予的报酬，有利于稳定队伍，留住人才。

"双轨制"形式下的俱乐部联赛，自 1995 年以来稳步发展，已有 3 个级别，竞技水平最高的是超级联赛，共有男女各 12 个队，实行主客场制，除国家队的选手之外，一些其他协会的运动员如柳承敏、蒋澎龙等也纷纷加入中国乒乓球超联队伍，外援的加盟丰富了中国的乒乓球赛场，使联赛有了更多看点。甲 A 和甲 B 联赛的参赛队伍更多，甲 B 已有男女各 50 多个队，比赛搞得越来越红火。各省市电视台都予以转播。为了开拓乒乓球竞赛市场，扩大乒乓球的影响，中国乒协还与中央电视台合作，于1996年创造性地举办了CCTV杯中国乒乓球擂台赛，此后又发展成爱立信中国乒乓球擂台赛、国际乒乓球擂台赛以及17岁以下国际青少年擂台赛，既有高水平的竞技，又检阅青少年的水平，还有群众参与，把乒乓球运动的竞技性、观赏性、娱乐性、知识性融为一体。擂台赛6年来在全国各地的中小城市举办了100多场比赛，通过电视屏幕传入千家万户，有力推动了乒乓球运动的进一步普及。除此之外，随着乒乓球运动在全世界的广泛开展，国际乒乓球联合会职业巡回赛和各种邀请赛也越来越频繁，运动员在世乒赛、世界杯、奥运会之余参加这些国际比赛，不仅能够始终保持较好的状态，提高技战术应用水平，而且高额的奖金也使运动员辛苦的训练有了丰厚的回报。

（三）中国乒乓球队的第三次发展

中国乒乓球队的第三次发展的第一个四年计划是从2012年9月至2016年9月，主要任务是备战2016年奥运会和参赛。第二个四年计划是从2016年9月至2020年9月，主要任务是2020年奥运会的备战和参赛。其后将以四年为一个周期制订计划，完成周期内的主要任务，直至实现第三次发展的总体目标。

目标任务：继续保持乒乓球竞技运动在世界上的领先地位，在奥运会等国际大赛上取得优异成绩，为国争光。引领世界乒乓球运动的发展潮流，发挥国家乒乓球队和中国乒乓球学院、学校的独特作用，推进国际推广计划的实施。不断加大乒乓球市场开发力度，更多地支持和支撑乒乓球事业的发展，2020年，基本形成中国式乒乓球运动职业化体系。大力开展全民健身乒乓球运动，搭建公共服务平台，加强组织建设，发挥协会作用，统筹全民健身活动，使经常参与乒乓球运动人员的数量有明显增加，参与乒乓球运动人群的年龄结构有所改变。推进体教结合，2020年，乒乓球复合型人才从数量、结构、素质上有明显的改善，实现15岁以上少年乒乓球运动员完成9年制义务教育，90%的国家队教练员的文化程度达到大学水平，全国教练员70%达到大学水平。乒乓球文化、科技、宣传等取得更大的发展。

国球的三次发展，已经从提出概念、自我实施的阶段，进化到了媒体助力、摇旗呐喊的阶段。

第三节　乒乓球运动在世界的传播

一、乒乓球文化的传播载体

1. 乒乓球文化的精神载体

技术观念：它主要包含乒乓球的价值取向与乒乓球技术发展方面的技术指导思想两个方面的具体内容。

不同时期、不同国家或地区的乒乓球价值取向具有相异性。在社会主义制度的中国，乒乓球技术的发展落实到技术的人才培养上，集体主义精神尤为重要。而在欧美等其他资本主义国家，乒乓球价值取向主要是为了该项目对人本身的锻炼价值与教育，乒乓球技术就是通过艰苦的训练或其他手段获得，在此过程中使人获得身心发展两方面的提高。

乒乓球技术发展规律的技术指导思想是在竞技实践基础上建立和发展起来的，在历史的过程中逐渐形成具有鲜明特点的技术指导思想。其指导思想包括乒乓球竞技的本质是什么，其主要核心的要素是什么？只有从这些方面来把握在乒乓球技术中起主导作用的要素关系，才能从理论方面引导和把握乒乓球运动本质的思想方法。

在1926~1951年欧洲乒乓球运动的鼎盛时期，欧洲运动员创造的削球打法成为当时乒乓球运动发展的重要技术创新。"稳"就是当时的技术指导思想，所以运动员主要靠稳削下旋球取胜对手，力争自己不失误，这种打法类型也致使比赛的时间拖得很长。在1952~1959年日本乒乓球鼎盛时期，由于海绵胶皮的出现，这个阶段日本运动员采用中远台单面长抽打法，取代削球打法，通过海绵胶片尽可能制造球的旋转是当时乒乓球的技术指导思想，尽量发挥球拍力量大、速度快的特点，结合中远台长抽打法，从而也导致乒乓球运动从此进入追求力量、速度的时期。在 1960～1969 年，中国直拍近台快攻打法崛起，这种新技术的成功是建立在海绵拍的基础上发展起来的，结合自身技术水平及特点，逐渐形成了这种站位近台、左推右攻为主的近台快攻的技术风格。这种打法充分发挥出海绵拍速度快、力量足的特点，同时又很好地解决了反手位的不足，中国队优异的战绩体现出这种技术打法顺应了乒乓球运动的发展趋势。"快、准、狠、变"就是当时的技术指导思想。在 1971～1979 年欧洲队复兴，中国队重整旗鼓期间，由于球拍覆盖物正、反胶海绵拍以及在球拍材料选用上的改革，欧洲各强创造出弧圈球与快攻相结合的新打法；中国则创造出新近台快攻打法。从 20 世纪 80 年代，中国提出了"快、狠、变、转"的技术指导思想，从而抗衡世界，领先诸雄。

2. 乒乓球文化的物化载体

乒乓球拍的演变过程大致为：羊木拍——纯木拍—胶皮木拍—海绵木拍—海绵胶拍—正胶、反胶、生胶、长胶、防弧拍—碳纤维底板、新型胶。

3. 乒乓球文化的制度载体

管理体制层：不同社会制度具有不同的管理体制。就我国来讲与世界其他国家具有特殊性。对具体的乒乓球俱乐部和协会来说，管理主要由"领队、教练员、运动员"构成。运动员作为管理的核心，领队和教练员应该为运动员服务，通过教练员制订训练计划，保证训练的质量，提高技术的训练效率，领队负责保证提供具体的条件来落实整个训练的实施，要求管理体制目标明确、训练有序且有效。

二、乒乓球的文化传播媒介

乒乓球文化传播的媒介包括图书、报纸杂志、广播、电视、电影、广告、网络及音像等，但从传统上看，人们依然把报刊新闻报道及新闻评论当作了解乒乓球文化的最重要渠道和手段。

人类的信息交流、情感沟通等都需要不断进行传播活动，而进行传播活动需要通过一定的方式、手段、工具。因此，人类在生产劳动过程中也不断地发明和更新传播的方式及手段，从而不断延伸传播，并扩大传播的规模。信息传播的孕育和诞生，与媒介技术的发展和更新始终有着不解之缘，传播技术的演变使得传播行为在人类生活中所扮演的角色越来越重要。

在乒乓球文化发展初期，语言传播与文字传播就已经开始，到了科技发达的现在，语言传播仍然是一种非常重要的传播方式。由于语言能系统地、抽象地、直观地表达声音和乒乓球与人们之间的联系，所以有助于人类更有效地利用相关信息、从事乒乓球活动信息传播活动。现代乒乓球文化由于人们交流的扩大，语言障碍的减少，人们口头的交流越来越频繁，当然由于语言传播有转瞬即逝的特点，其传递的信息无法纳入记忆系统而被保存下来，而且传播的信息还可能由于各种原因造成"走样"，口头语言传播的时空局限性是很大的。于是文字作为抽象化、规范化的符号系统应运而生。人类运用文字和书写工具将信息记录、保存下来，为文化的代代传承提供了可能。语言和文字的诞生，是人类传播手段、技术进化中的里程碑，从乒乓球起源的时候，乒乓球文化的一切活动都以文字的形式被记载进入历史。众多报纸杂志对乒乓球运动历史的记载使我们知晓乒乓球运动的发展。随着科技的进步，1936 年，英国广播公司（BBC）在伦敦市郊建立了世界上第一家电视台，正式进行电视广播，开创了电视时代，当然，乒乓球运动也被搬上了电视屏幕，乒乓球走进电视节目，是乒乓球文化传播的一件大事，使乒乓球在全球的传播得到最快的扩散，人们足不出户就可以欣赏到精彩的乒乓球表演和竞赛，也可以领略到优秀乒乓球运动的风采，当然也可以从电视上观赏乒乓球的历史文化事件。随着传播技术的进步，大众传播媒介的种类，从传统的报纸、杂志、电视、广播，扩大到了网络、移动电话等新媒介。新的传播技术的诞生并不一定表示传统的传播技术就会被淘汰，人类可以运用新兴的传播技术改变原有的传播形式，而使传统媒介重新发展出一种新的面貌，如电子报纸、电子图书、网络广播、网络电视、电子邮件、远程教育等。但是也由于多媒体、数字、网络技术等高新技术的发展，原本无法相通的媒介得以相互融合，而媒介服务功能也逐渐趋于完善和一致。电子报纸比传统的纸质报纸更易于搜寻特定信息；数字广播与数字电视都成为可听、可看的媒体；特别是超媒介的网络，通过电脑终端机的连接就能让使用者在出版、电视、广播和电脑等多媒介资讯环境中来去自如。无论任何一个需要关注乒乓球比赛还是乒乓球文化的爱好者，只要他需要，可以通过各种的传播媒介获取他所需要的各种信息，来满足个人的一切需求。[①]

三、传播媒介对乒乓球文化的影响

随着社会经济的发展，乒乓球成为人们体育活动的重要内容之一，日益成为现代社会人们健身、休闲和娱乐的重要组成部分，成为人们关注的焦点，也成为大众传媒锁定的重要传播内容。专业性的体育传媒为乒乓球文化的传播提供了广阔的平台，扩大了乒乓球文化的社会影响力。

在乒乓球诞生之初，并不为人们所了解，大众传播媒介却使乒乓球仿佛一夜之间传遍欧洲的各个角落，进而传播亚洲和非洲，通过大众媒介的恰当宣传，乒乓球被更多的人所接受，大众传媒也以其独特的优势和手段所营造的"信息环境"不断改变着受众的乒乓球认知及行为，作为一种舶来品，跨洋过海几千公里，乒乓球却在中国发扬光大，这不能不归结于传播的伟大力量。乒乓球起源后，大众传媒对推动乒乓球活动进入人们的日常生活，具有重要的引导作用。大众媒介所积极倡导的乒乓球文化不但健身健心，教育发展人的理念也正在逐渐改变人们的运动理念，也使热爱乒乓球运动的人口不断扩大。当代乒乓球的体育功能和影响力在世界范围内逐渐扩大，大众媒介作为宣传乒乓球运动最有力的工具更是承担起传播体育精神的重任来，中国乒乓球运动为我国获得无数荣誉，半个世纪以来中国乒乓球不但感动了中国，也得到了世界认可。此外，世界各国领导人和社会知名人士身体力行地进行乒乓球运动，我国政府提倡和号召广大人民群众积极地从事乒乓球运动，乒乓球不论在学校教育还是社会大众活动中越来越受到重视，通过大众传媒被越来越多的人感知和接受。正是由于大众媒介多渠道的传播，人们对乒乓球的功能和作用认识不断地深化和发展。

① 骆寅. 现代乒乓球运动理论与实践的再剖析［M］. 北京：原子能出版社，2018.

体育媒介市场构成要素中的乒乓球明星、高水平乒乓球运动队、精彩乒乓球赛事、各种乒乓球俱乐部、乒乓球健身娱乐活动等拥有广泛的爱好者或观众群体。媒体为争取更多的爱好者或观众，竞相通过报道这些形象和事件来不断扩大自身的销售市场。这一市场行为客观上又起到了宣传乒乓球文化的作用，使更多的人了解乒乓球和关心乒乓球，扩大了乒乓球文化的影响，增强了人们的乒乓球文化参与意识。乒乓球起源于娱乐游戏，其本身就是一种休闲娱乐活动，娱乐是乒乓球文化固有的功能之一。娱乐休闲性是乒乓球文化传播的基本特征，传播的内容本身就是一种休闲娱乐活动。乒乓球运动本身也是一种技能性的艺术表现形式，极具表现力和观赏性。"中国人喜欢乒乓球，但却不一定喜欢看乒乓球赛。在中国，如果一项乒乓球赛能给观众提供一试身手的机会，响应的人肯定会很多。"湖南卫视承办的"国球大典"成为国人喜欢观赏的乒乓球活动节目之一，如今这项推广性赛事已成为国际乒坛"世界总冠军赛"，跻身国际乒乓球联合会 A 级赛事之列。

第二章　乒乓球运动价值的多元探索

乒乓球运动是一项富有魅力的小球项目，其本身具有多元的价值，主要包括欣赏价值、身心健康促进价值以及社会价值。本章即针对乒乓球运动价值的多元化进行探索与分析。

第一节　乒乓球运动的欣赏价值

乒乓球运动的欣赏价值是人们参与和欣赏这项运动的关键。为了凸显这一价值，需要人们对这项运动有更多的了解，特别是乒乓球运动的常用术语、重要组织机构与赛事、基本规则和赛事编排方法等方面。为此，本节就重点对这些内容进行说明。

一、乒乓球运动欣赏的内容

1. 运动员的技术美

技术美是欣赏乒乓球运动的核心，在进行比赛时，运动双方互相展现绝技，一方在进攻端长拉短吊，另一方则是需要灵活变动，在双方激烈的比赛中，充分展现了乒乓球运动的技术之美。例如，在运动员击球时，极快的速度让人眼花缭乱，目不暇接，给人以极大的运动美、技术美的享受。

2. 比赛的对抗美

乒乓球运动具有明显的竞技对抗性，在比赛过程中双方都在进行着体能和力量及技术性等方面的对抗。在激烈的对抗中，乒乓球在双方的球拍中跳动，双方相互击球，都在寻找一种使对方接不到球的方法，乒乓球的乐趣在此过程中体现得淋漓尽致，比赛的对抗美也得到充分展现。

3. 比赛环境的视觉美

目前的乒乓球比赛对于场地环境的布置非常重视，在符合比赛环境要求的基础上，场地的布置更为典雅大方。例如，空间布局更为合理、现场光线的搭配、空间的利用及比赛场地和观众席位的安排等都更具人性化，给观众带来更好的视觉享受。

4. 运动服饰的文化内涵美

乒乓球运动员所穿戴的运动服、帽子、鞋子等在一定程度上体现了一个国家的文化和审美水平，当穿着得体时，在视觉上就会给人以阳光向上的感受，给人以好的视觉体验。例如，在第 48 届世乒赛上，我国运动员的运动服上有一条金黄和火红颜色相间的龙，形似"China"字样，就是要告诉世界，中国就像是一条腾飞的巨龙。

5. 裁判员的执法艺术

裁判员能够最大限度地保证运动员的真实运动技能和水平以及个人良好品德的发挥，因此，裁判员要对比赛进行公平、公正的执法。在执法比赛的过程中，裁判员英姿飒爽、风度翩翩，给乒乓球比赛增添了一道亮丽的风景，而且公平、公正的裁判能够激发观众的正义感和责任感，对于人们自觉遵守道德标准具有重要的意义。

6. 运动员的"乒乓精神"

在乒乓球赛场上，运动员们顽强拼搏、不放弃、坚持到底，这种优良"乒乓精神"就像是巨大的磁场，吸引着人们去欣赏。这种精神无论是对于乒乓球运动员，还是对于普通人来说，都有着积极的意义，鼓励着人们勇往直前、勇于追求、决不放弃。

二、乒乓球运动欣赏能力的培养

1. 了解乒乓球运动的技战术特点

要欣赏乒乓球运动的美，首先要了解乒乓球运动的技战术特点。例如，在比赛过程中，运动员运用了哪些技术、取得了怎样的效果、在比赛过程中又是如何对技战术进行调整等一系列问题，只有了解了这些，明白了乒乓球比赛的门道，才能从中获得更多的乐趣，才能更好地欣赏乒乓球运动。

2. 了解运动员的不同打法与风格

乒乓球运动技法多变，每个人都有自己的打法和风格，即使是一个团队也有团队的打法和风格。例如，在赛场上，运动员是快弧打法、快攻快打还是削攻结合等打法，在风格上，是训练型或比赛型、求稳型或拼搏型、薄弱型或顽强型、急躁型或沉稳型、技术全面型或特点突出型等。只有了解了运动员的打法与风格，才能深刻体会乒乓球运动中的乐趣，从而欣赏乒乓球运动中所体现出的技术之美和对抗之美。

3. 熟悉乒乓球竞赛的规则

一个合格的乒乓球运动欣赏者，一定要熟悉乒乓球运动竞赛的规则。乒乓球运动的比赛规则是不断完善和演变的，尤其是在近几年的比赛规则演变中，规则的变化是比较快的。例如，比赛的用球由原来的小球变成了大球，对于球拍的使用也有严格的规定，比赛实行 11 分制，在发球的过程中不能有任何遮挡等。在欣赏乒乓球比赛时，一定要提前熟知该运动项目的竞赛规则，只有这样才能够欣赏到比赛的意义。

4. 培养乒乓球运动的欣赏意识

培养对乒乓球运动的欣赏能力要注重对其欣赏意识的培养，具体来说要从以下几个方面着手：

首先，要对乒乓球运动的重要性有正确的认识，明白参与乒乓球运动不仅可以强身健体，而且还可以放松身心，无论是对身体素质还是心理素质都有较好的提升。

其次，要着重培养对乒乓球运动的兴趣。兴趣是最好的老师，当对某一项运动有兴趣时，人们就会主动去关注相关的信息并积极地参与其中，更能从中体会乒乓球运动的乐趣，更好地欣赏乒乓球运动。

最后，要重点培养观察能力和在参加或观看比赛时的判断能力。在遇到有高超水平的运动员时，一定要时刻注意该运动员的技术动作和高超战术的运用，同时也要对裁判的判罚标准和教练员临场指挥布阵等有深入细致的观察，只有勤思考、多观察、多提问，欣赏能力和水平才会有显著的提高。

第二节 乒乓球运动的身心健康促进价值

乒乓球运动之所以成为我国民众喜爱的运动项目之一，与其本身所具有的多方面价值密不可分。对乒乓球运动价值的研究有利于进一步发挥它的优势，并为其在未来的可持续发展奠定基础。

一、乒乓球运动对身体健康的发展

乒乓球运动本身具有超高的健身价值，因此其在大众健身领域中一直是人们较多选择参与的项目之一。具体来看，它的健身价值主要体现在如下几个方面：

1. 提升运动系统机能

参加乒乓球运动首先获益的就是人的运动系统，特别是对肌肉和关节的锻炼效果最为直接。肌肉是人体动作产生的驱动力，在这个驱动力的带动下，骨骼和关节也得以运动起来，以此实现人体的各种身体姿势或维持某一种姿势。生理学研究表明，人体肌肉由许多肌束组成，而肌束又由许多肌纤维组成。

为了完成乒乓球运动中要求的众多技战术内容，都需要肌肉的牵动作用。长期参与乒乓球运动可以充分调动大量肌肉纤维重复运动，从而使得肌纤维越来越粗，相应部位（上肢、腰部、腿部）的肌肉就越来越发达。在肌肉运动的有效刺激下，肌肉中的血液循环与内部代谢也越发畅通。长此以往地练习，必然会使肌肉的速度力量和耐力水平产生一个质的飞跃。此后随着运动水平的不断提升，运动者的动作幅度、奔跑范围都会增加，为了满足比赛要求，身体素质也将会逐渐适应更高一级的强度，从而使肌肉、骨骼和关节等结构更加发达、结实和灵活。

2. 调节及改善神经系统灵活性

乒乓球是目前所有球类运动项目中球速最快、球体旋转最强的项目。运动者通过参加乒乓球运动带来的增强中枢神经系统的效果功能还对其他系统与器官的调节能力的提升有所帮助，所以可以看出其对人的神经系统灵活性的帮助是全方位的。具体来说，在进行乒乓球运动时，飞快的球速外加变幻莫测的旋转使得运动者们必须要在短时间内对球的各种属性做出判断，测试显示一名选手的正手攻球从球击出到落到对方球台只需要 0.1~0.3 秒的时间，在如此短暂的时间内，接球方需要对高速运动的来球做出诸多属性判断，如线路、弧线、落点、旋转、力量等，并就此做出回接反应，进行合理的还击。这一连串的判断也是大脑在一个瞬间完成的，然后利用神经系统传递大脑指令到所有需要参与回接球的身体部位。所以，经常参加这项运动对于调节和提高运动者神经系统水平来说，效果是显而易见的。实际当中，经常参加乒乓球运动的人的反应速度和身体灵敏度都普遍好于他人。

3. 可以改善心血管系统和呼吸系统的功能

经常参加乒乓球运动有助于提升运动者的心血管系统和呼吸系统机能。乒乓球运动的负荷可大可小，但一定强度的比赛会带来足够的提升现有机能的效果。

就心血管系统来说，乒乓球运动可以使心肌变得更加发达，心容量加大。数据显示，成年男性的安静心率在 65~75 次/秒，成年女性的安静心率为 75~85 次/秒。经常参加乒乓球运动的人的安静心率男性为 55~65 次/秒，女性约为 70 次/秒。除给心率带来的积极变化外，其作用还体现在可以使心搏徐缓和血压降低上，如此提高了心脏的工作效率，维持血压在正常范围之内。这些给心血管系统带来的积极变化有利于身体的新陈代谢，提高整个身体机能水平。

乒乓球是一项有氧运动，参与这项运动可以使身体的组织和器官获得足够的氧气，这可以促进心肺等器官的良好运转。对呼吸系统来说，参与乒乓球运动可以锻炼人的呼吸肌力量，强健肺部功能，提高运动者的肺活量等数值。这得益于运动中身体对于氧气的大量需求，使得大多数肺泡处于膨胀的状态，呼吸肌也活跃和收缩，胸腔扩张到最大体积。当呼吸系统适应了更高一级的运动需求后，机能本身就获得了必然提升。

　　4. 可以提高人的应激能力

　　乒乓球运动快速、多变、旋转的特点使得参与这项运动的运动者始终要保持在一种高水平应激的状态下。如果能够长期参与乒乓球运动则可以提高人在紧急情况下调动整个机体、提高有机体的激活水平，在紧急状态下做出反应的能力，此外还能提升人在瞬时或紧急时刻做出正确判断并解决问题的能力。这对运动者面对生活中出现的情况也是有益的。

　　当然，这种应激水平的差异还与个人的本体差异有较大联系，如心理素质、性格特点、阅历以及意志品质等。不同应激水平的人在面对同样的紧急事件时的反应不同，应激能力较强的人可以做到处变不惊、泰然自若、沉着应对，而相反有的人只会表现出惊慌失措、紧张无措、颤抖无力等状态。为了提升人的应激水平，可以多多参加乒乓球运动，以期可以在运动过程中培养应激能力，进而提升运动者在各个方面应对紧急、紧迫事件的能力。

二、乒乓球运动对心理健康的促进

　　乒乓球作为一项典型的竞技运动，就必然存在着胜利与失败。参与其中的运动者都会频繁经历这两种比赛结果，胜负也会影响他们的心理状态。当参赛者经受这些变幻莫测、胜负难料的激烈竞争的锻炼后，就会逐渐适应这种心理状态，进而慢慢学会控制心理、完善心理，这对自身的心理健康无疑是一种促进。

　　1. 有利于个性心理的完善

　　乒乓球作为一项体育运动，也秉承"更高、更快、更强"的奥林匹克精神。这种精神也激励着每一名参与其中的运动者，培养和完善他们的个性心理，这一作用是被人们广泛认可的。在参加乒乓球运动时，运动者要在规则限制内展开技战术的对抗，包括心理和智力的对抗，过程中要克服很多困难和在预期之外的局面。这在潜移默化中也对自身的行为控制能力有所锻炼。即便是在与对手实力有明显差距的情况下，也要认真对待比赛，不放弃、不随意，通过展现这种精神表达友谊和尊重，在合理规范的竞争中锻炼自己的品行，并在成功与失败、荣誉与耻辱、竞争与退让中表达出自己的情感态度和价值观。这无疑是对个人良好个性心理的培养和塑造。

2. 促进智力水平的发展

乒乓球运动是一项对运动者智力水平有较高要求的运动，这与这项运动的快速多变的特点有关。正因为这种多变，使得运动者如果是在对方击出球后才做出判断，就显得时间较晚了一些，难以在回击环节做出更好的准备和预动。为此，只有在对方击球前做出预判，并且根据这个预判提前做出准备，才能在回合中占据先机。而这个预判的正确与否，就要看经验和智力了，即猜到对手前面。实践证明，长期参加乒乓球运动可以提高练习者的注意力、记忆力和思维能力，这些因素对人的智力水平会产生较大影响。

经常参加乒乓球运动为人体中枢神经系统带来积极变化，这种变化可以促进人体感知能力的发展，使大脑思维想象的灵活性、协调性得以改善。不仅如此，它还能在时空感觉和运动感知能力方面起到促进作用，从而提高大脑神经细胞工作的耐受能力。久而久之，人的智力水平也逐渐获得提升，表现出较高的球商。

3. 增进快乐，调节情绪

乒乓球运动在创建伊始实际上是作为一项游戏来娱乐大众的，鉴于此，其本身就具有非常鲜明的娱乐性特征，任何参与其中的运动者都能从中感受到快乐。从生理学上讲，经常参与包括乒乓球运动在内的体育活动的人，大脑会分泌一种可以支配人心理和行为的肽类，让人产生兴奋和刺激的感觉，甚至这种感觉会让人着迷，吸引他们更加青睐参加某项活动。乒乓球运动组织方法简单、规则灵活、娱乐性强，人们参与其中可以获得很多乐趣、振奋精神、陶冶情操、消除不良情绪。这对任何运动者来说都是非常理想的运动形式和消遣活动。

诸多研究表明，运动是一项非常理想的增强人的情绪体验的活动。乒乓球也是如此，运动者在打球时注意力非常集中，这对于他们的情绪稳定大有帮助，影射到生活中后也有利于与家人、朋友和同事的相处。如果是系统性、长期性地参加乒乓球训练，则运动者可以在其中获得技战术能力提升的满足感，这可以促进压力的缓解，真切体验运动的乐趣，享受每一次挥拍和击球的感觉。如此看来，乒乓球运动给运动者带来的是一个良性的情绪体验过程，这也是促进心理健康不可或缺的部分。

4. 树立成就感

完善的人格中必带有果敢、顽强、坚定的意志，这样的人更能成就大事，承担重要使命。由此可见这是现代人应该具有的基本品质。现代人的自我意识越发萌生，注重在一生中能够展现出自我价值，而成就感就是这种价值的感受标准。就人的自我实现来说，包括乒乓球运动在内的体育运动是一个非常好的载体，这也使得乒乓球成了影响极为广泛、备受人们关注的运动项目。在乒乓球运动中，人们不断从中获得多方面的锻炼，遭遇失败、遇到困难、战胜自我、超越自我，在此过程中也能慢慢感受到身体和心理的变化，运动技能的提高自不必多说。从乒乓球运动中获得了一些成绩后，运动者就有了一定的成就感和不错的情感体验，心理上获得极大满足，从而产生积极的情绪体验。

5. 提高意志品质

意志品质是一个人必须具备的精神属性之一。拥有较好意志品质的人更可能在遇到困境时保持坚定的信念，克服困难，找到解决办法。具体分析意志品质的内容，主要表现为人在困境中表现出的坚持不懈、勇气、独立、自制和自律的精神。

乒乓球运动可以促进运动者的意志品质的形成，其原因在于乒乓球运动中的技战术内容较多，为了掌握这些内容，运动者只有在不懈地练习中获得。这个过程非常漫长和单调，需要运动者有足够的耐心和意志才能完成。如此看来，参加乒乓球运动训练本身就是一个不断应对挑战、超越自我的过程。

6. 抵制心理障碍

心理健康在现代越发受到人们的普遍关注，而且世界卫生组织也正式在"健康"的定义上将心理健康的内容划归其中，足见心理健康对人的重要性。身体与心理的健康是相辅相成的关系，两者密不可分。

研究表明，参加乒乓球运动可使运动者高度集中精神，在此过程中会短暂忘却生活中的焦虑、悲伤、恐惧等负面情绪，是一种非常理想的减压运动。经常参加的话，可以有效避免因长期抑郁、高压力导致的精神类或心理类疾病。

三、乒乓球运动与全民健身

乒乓球以其富有魅力的特点和多样化的价值，始终在全民健身领域发挥着重要作用，创造着应有的价值，自然也就成为人们选择频率最高的健身项目。这里就对乒乓球运动在全民健身中蓬勃开展的原因进行分析。

1. 乒乓球运动在场地、器材上的优势

乒乓球运动的开展从场地、器材这两个角度来说是非常简单、便捷和廉价的。一片平整的空地，摆上几张球台，如此就完成了场地的布置，条件允许的情况下还可以在球台周边围上挡板，室内设置的乒乓球场地还可以考虑铺设地胶等。球拍从几十元的成品拍到上千元的球板套胶，可以根据个人意愿选择。其他的如运动鞋和服装也不会过于挑剔，总体看来是较为大众化的。正是由于乒乓球运动在场地器材上的优势是其他运动不可比拟的，所以它才在全民健身中始终是不可撼动的、最受欢迎的项目之一。

2. 乒乓球的普及性、深厚的底蕴和广泛的群众基础

我国乒乓球运动有着最为广泛的群众基础，这些群众基础的建立都离不开我国乒乓球运动在 40 多年的时间里一直保持世界领先水平的态势，以及中国乒乓球运动员良好的赛风赛纪和精神面貌。在良好群众基础的影响下，我国大多数民众都能拿起球拍战上几局，人们对乒乓球运动的技术特点和比赛规则的了解也远高于其他项目。如此也难怪很多外国人认为"是个中国人就会打乒乓球"。乒乓球，无疑已经成了中国体育的象征，它的象征意义来自大众的广泛参与、各类型单位的关注以及国家层面的重视，进而形成全国上下群挥拍的

阵势，不要说社区、学校中都设有乒乓球场地和球台，就连一些有条件的企事业单位的活动室中也不难看到球台的出现。我国的乒乓球热潮随着我国乒乓健儿在世界赛场上取得的优异成绩一同高亢前行正是在这种影响力下，人们不仅今天选择乒乓球作为健身项目，有些人甚至将其作为了终身体育的必然选择。

3. 乒乓球运动更加安全，运动负荷更为可控

《全民健身计划纲要》中曾指出："全民健身计划以全国人民为实施对象。"运动在自身发展过程中克服普及障碍以获得广泛的群众基础。在这一思想的指导下，全民健身中的项目多是那些适应面较为广泛的运动项目，乒乓球运动就是其中非常适合的一项，它的运动负荷可控，娱乐性强，开展简单，参与其中的两人或四人隔网相对，比拼技战术、心理与智力。乒乓球运动的这种形式没有人体间直接的对抗，减少了冲撞带来的运动伤害，再加上每个回合中都有一个间隙时间，让参与者获得短暂的休息，这个时间可以根据自身情况或长或短，由此也就使运动的负荷得到了控制。所以在全民健身中，乒乓球运动是众多运动的首选，也是安全系数极高的运动项目之一。

第三节　乒乓球运动的社会价值

一、乒乓球运动对社会适应力的提升

（一）乒乓球运动与协作意识、协作能力及精神形成

1. 乒乓球运动与协作意识和协作能力的形成

（1）乒乓球运动与协作意识的提高。协作意识是体育意识的基本内容之一。协作就是协调合作、齐心协力。有人把协作精神比作大雁的飞行。据专家通过风洞实验表明，成群的"V"字形雁队的飞行要比一只孤雁的飞行多飞20%的距离。人类也是这样，只要能与同伴合作而不是彼此争斗，事业发展会更快、更好，走得也更远。合作体现人的一种气概和才能，能够增强生存

能力。

在乒乓球运动中，很多方面都有利于合作意识的养成，这点在团体比赛和双打比赛中尤为明显。在团体比赛时，虽然是一位选手或一对选手在比赛，但坐在后面的全队教练员和运动员都在为场上选手加油鼓劲，每得一分来自队友和教练的呐喊都激励着场上选手的精神；在双打比赛中，与队友的默契配合需要通过沟通来更好地实现，更多时候默契的来源是场下日复一日的训练。所以，即便乒乓球运动被视作个体性项目，但其中也不能完全剥离集体性和协作性的特点。不过，形成良好的协作意识并不容易，它需要运动者们经历千锤百炼才行。这种理念使得人们可以通过乒乓球运动这个载体逐步培养这种精神并将其融入自己的学习、工作和生活之中。①

（2）乒乓球运动促进协作能力。在形成了协作意识后，还要有足够的协作能力给予意识上的支撑。是否具有这个能力是现代社会对人才需求中非常看重的一点。在科学技术飞速发展的今天，仅凭一个人的能力和精力难以胜任一项工作，而必须要通过多人协作才能完成，这就是所谓的"Team Work"。然而只是将一众人放在一队并不算是一个团队，为了发挥团队的效力，需要其中的每一个人都有协作的能力。乒乓球运动以它特殊的方式，培养着参与其中的人的配合协作能力，将这种能力转换到其他领域中依然能够帮助他们融入团队，并很好地与他人协作某项工作。

2. 乒乓球运动与精神形成

包括乒乓球运动在内的体育运动对人们的机体可以产生诸多积极的影响，这是现代人所公认的，而同时体育运动还能作为一种有效的社会教化手段，用以培养人的性格和精神。

个性，是一个人在一定社会条件约束下通过不断实践和积累逐步形成的稳定的观念、态度、习惯和行为。个性如何在很大程度上能够决定他在社会上是否更容易被接受，是否具有良好的人际关系。深入分析个性特征可知，其包括人的能力、气质和性格等诸多内容，其中性格是非常关键的。一个人是否拥有

---

① 彭博. 乒乓球运动价值理论新探与学训指导［M］. 长春：吉林大学出版社，2020.

良好的性格，从他的为人处世和心态上都能看得出。性格的形成与参与体育运动有着割不断的联系，而乒乓球就是一项能够给人的性格带来影响的运动。

（1）乒乓球锻炼对个性形成的影响。参与乒乓球运动的人要为这项运动付出一定的体能、精神和智能，但这还不够，额外需要付出的还有对这项运动深厚的感情，简单说就是参与运动的积极性较高，并且享受运动过程。只有这样，参与者才能在每次的乒乓球运动中获得进步，也就是在这个过程中，参与者才能更好地认识自我，懂得如何发现自己的优点和不足，并针对不足找到方法予以弥补。这种过程促使人能够不断地形成自我认识和自我改造，也使人形成和发展个性以及实现人的社会化。

（2）乒乓球运动与约束能力的形成。乒乓球运动会对人的约束力形成有所帮助，这主要是对长期在运动队训练的专业运动员来说的。身处运动队中的运动员所接受的管理是非常严格的，这种严格的管理贯穿少年到成年。既然是严格的限制就必定或多或少"违背"着运动员的自我想法，个人必须适应群体的要求，管理的原则也是奖惩分明。为了与群体保持一致，他们总是心甘情愿地接受来自群体的制约，长期的束缚迫使其成员不得不改变自己的某些特性，增强了自我约束能力。例如，在比赛当中取胜则要告诫自己不要得意忘形、不可一世；在失败时也不要自暴自弃、丧失信心。在经历了体育运动的千锤百炼之后，基本都会培养出人的百折不挠精神，并使其为了心中的目标不遗余力。

（3）乒乓球运动与进取精神的形成。乒乓球运动作为一项竞技体育项目，自然带有竞争性特征。即便是在大众健身领域，乒乓球被人们所热爱的特点中也包括一定的竞争性，即能够分出胜负，这也是对运动者树立的一个清晰的努力方向，毕竟谁打球也不是为了享受输球的感觉。为此，人们为了在竞争中成为胜利的一方，就会在日常的练习中投入更多的精力和体力，以使自己在技战术水平上得到全面的提高。而这也正是乒乓球运动培养人的顽强、拼搏、进取的精神，对其个性的形成与发展具有的重要意义。

（4）乒乓球运动与道德品质的形成。人们生活在社会之中就必然要受到许多社会道德的约束，这是人类文明的最基本要求。只有拥有良好的道德意识和道德行为，才能在社会中受到普遍认可，才有助于人际关系的拓宽。参加乒乓球运动一方面可以影响人们的自我意识，提高自我约束能力和进取向上的精神；另一方面它还能促使人用高度的责任感和良好的道德品质与同伴合作。它以约定俗成的道德规范着人们的行为，以复杂而快速的情感转移来领略成功的喜悦和失败的痛苦，而这些感受是使人终身受益的。

（5）乒乓球运动与社会角色形成的关系。现代人都是生活在社会之中的，并在社会中扮演单一的或多样的角色，不同角色享有不同的权利、履行相应的义务，并遵守必要的行为规范。经常参加乒乓球运动有利于培养人们良好的社会角色，并为人们能够承担好这个角色提供锻炼的条件和环境。

人们在参加乒乓球运动中也有一定的角色承担，这主要是在比赛当中结成的"社会关系"。运动员们在其中不同的位置也承担着不同的责任，拥有相应的义务和做好相应的行为。例如，在乒乓球团体比赛中，出场时会分配给不同运动员一个位置，主队的第一名和客队的第二名分别是两队的头号选手，他们将会承担团体比赛的两场比赛任务（在打满五局的情况下），各队的二号选手也会承担两场比赛，而三号选手则只会在第三场比赛出场一次，在这样的安排下，球队的前两号选手就拥有了两次出场的权利，同时他们也承担了拿下两场胜利的责任。如此看来，实例中的乒乓球团体赛事就构成了一种体育形态的社会关系，其中承担角色的运动员都各自有取胜的任务和遵守体育规范、道德规范的义务。球队中的每个成员都是团队中的重要成员，他们是否能实现集体的目标就在于他们是否做好了每个人分内的事情，如果能够各尽其职，就会使每个成员在集体的关联中获得信赖，集体的目标就更容易达成。

通过参与乒乓球运动，可以让人体会到"体育微缩社会"中的角色扮演，在这个微缩社会中，人们也能够通过自身的不断努力来完成自己的职责，并且朝着更好的角色努力，从而明白人的主观努力是改变社会地位的重要途径这一道理。

（二）乒乓球运动与人际关系

在现代，人总是处于社会之中的，这就免不了要与他人进行接触和交流，如此就产生了人际关系。良好的人际关系对于人的社会发展起到重要的助推作用,不仅如此,好的人际关系还能带给人丰富的生活内容和拓宽知识领域的渠道。乒乓球运动以其特有的价值和开放性的开展方式,非常有利于人们培养良好的人际关系,正是基于这个特点,更多的人乐于加入乒乓球运动之中,这些益处主要包含以下几个方面:

1. 乒乓球运动对人的沟通能力的影响

人际关系的维护方式有很多,但良好的沟通绝对是最为常见、最为基础的一种。人与人之间的沟通较为直接,可以立刻获悉对方的情感与思想。试想一下,一个不能准确表达个人意图的人,一定不会轻易得到他人的理解,他人不能理解,就会心生疑惑,这些疑惑影响他人对自身的判断,降低信任度。

参加乒乓球运动就是一个能够增强沟通能力的方式。之所以这么说主要是源自乒乓球运动本身开展的特殊性,即其必须是由两人、四人甚至可以是更多人参与的训练或是比赛。在这个过程中还会有教练员对其进行指导,比赛时还有技战术布置等,特别是在双打比赛中更是需要通过擅长的沟通和同伴商讨下一个回合的战术。这些行为的完成,都需要双方随时沟通。这种沟通不仅具有直观性、及时性和准确性,还体现出主动性、注意力集中性和信息交流充分性的特点。因此,只要经常参加乒乓球运动,基本都会使自身的沟通能力得到或多或少的提升,久而久之有利于良好人际关系的建立。

2. 乒乓球运动可以改善自我意识水平

在现代社会的人际交往中,人们表达观点的习惯越发含蓄,想获得他人的客观评价越发不易,得到更多的是人们不直接、不真实的评价,如果偏信这些评价,会给自身的定位带来困扰。为了保持对自己准确的定位,就要不断提升自我意识水平,确保获得一定成绩后不被胜利冲昏头脑,也为了不在失败后自暴自弃。正确评价自身的优缺点,是保持良好的人际关系的重要因素。

就一名乒乓球运动员来说,他在接受长期的培养过程中要经历频繁的教练指导,但即便如此教练员也不可能将注意力只放到一个人身上,此时就需要运动员的自我意识发挥作用,它会随时随地提醒自己改进技术、提高技术、调整比赛心态。当这种在长期约束的情况下形成的自我意识自然落实到行为上后,就会变成一个人的自觉行动，将之融入行为习惯之后，不仅在乒乓球运动上有所帮助，也能带入生活当中，给他的社会交往带来帮助，即可以随时了解自己的真实情况和别人对自己真实情况的反应，从而以正确的思维和判断规范自己的社交技能。如果能够培养自身在乒乓球运动中养成对别人所表现出来的真实情绪状态和行为做准确理解的习惯并运用于社会交往中，就能够掌握如何对别人做出恰当而又为社会所接受的反应。在这种情况下，个人的社交技能就自然获得了提升。

3. 乒乓球运动对身体语言的理解和使用能力的影响

在人际交流过程中，身体语言的运用也是一种有效的交流方式，它与语言配合使用时会起到更好地沟通效果。身体语言多种多样，不同的动作，甚至同一个动作的不同幅度都代表描述的事物的程度。所以对于每个人来说，也需要建立起对他人身体语言的领会意识，如果没有这个意识，对他人的身体语言毫不在意，可能会使对方产生思维误判，如会被他人觉得自己感情淡漠或是不好接触。

经常参加乒乓球运动有助于提升人的身体表现力，进而提升身体语言的表达能力，由此也更容易接收他人传来的身体语言。在世界乒坛中，有许多性格特色鲜明的运动员，从他们的身体语言中就能读出很多内容。例如，我国选手马龙，无论比赛局面如何从表情到身体姿态都镇定自若，给人以强大的信心；日本选手张本智和在每次得分后的嘶吼，都是给对手以极大的震慑感，将对手的士气在一声声的嘶吼中消磨殆尽。由此可见，乒乓球运动不仅增强运动者的协调性和柔韧性，而且通过对内涵和外观的统一结合，培养运动者的身体语言，使之在社会人际交往中也能发挥作用。

（三）乒乓球运动与和谐氛围

当前，我国社会正致力于建设和谐稳定的社会，和谐社会最先被人们真切感受到的就是和谐的氛围。人们只有在和谐的氛围中生活，才能保持稳定的情绪和积极向上的态度，这也会让人们感受到生活的美好。参与乒乓球运动，可以让人对和谐氛围的营造起到积极的促进作用，而所创造出的和谐氛围同样也使自身获益，这是一种双向受益的方式。

1. 在乒乓球运动锻炼中广交朋友

乒乓球运动在我国有着最为广泛的群众基础，参与者众多，参与人群几乎跨越了所有社会阶层。只要你参加这项运动，就有可能遇到不同年龄、不同职业、不同水平的人，长此以往会结交很多朋友，这些人聚集在一起，没有复杂的政治、没有背后的利益、没有虚假的感情，有的只是对乒乓球运动的热爱。如此结交的友谊更为纯粹，这无疑会净化和充实人的生活，让人们在乒乓球运动中体会最本质的与人交流的感觉。

2. 乒乓球运动的特点对性格的影响

众所周知，乒乓球运动是一项隔网对抗的运动，双方运动员隔网相对，没有任何身体接触。在这种条件下，双方斗智斗勇，比拼技战术、心理素质以及球商。这种较为"文明"的运动形式会促使人注重对自身能力的提升，让人心态平和，没有抱怨的对象，专注解决自身的问题。长此以往，运动者就逐渐形成了从自身找问题、找不足的习惯，不推脱责任，这显然有助于更清晰地认识自我、校正自我、提高自我，如此就更有可能克服一些人性上的薄弱点，让自身性格更加完善，更加积极向上。

二、乒乓球运动对社会价值的响应

（一）丰富了中华民族精神

中华民族精神是在民族历史发展过程中逐渐形成的，现如今它在世界范围内仍旧有着巨大的影响力，其所展现出的生命力和发展趋势一直作为我国对外的一张名片。"乒乓精神"的社会价值在于传承了我们的中华民族精神。中国乒乓球队的胸怀祖国、放眼世界、为国争光的精神；同心同德、团结战斗的集体主义精神；发奋图强、自力更生、艰苦奋斗的实干精神等，这些正是继承了中华民族主体精神中的爱国主义、团结统一、自强不息的精神和求真务实的基本民族精神。而中国乒乓球队所展现出的不屈不挠、勤学苦练、不断钻研、不断创新的精神；胜不骄、败不馁的革命乐观主义和革命英雄主义精神，又进一步丰富了中华民族精神的内涵。正是拜这些精神所赐，使得中国乒乓球人对世界乒乓球运动的发展做出了卓越贡献，在赛制、技战术等领域做出了众多突破性创新，推动了世界乒乓球运动的快速发展。

（二）弘扬了爱国主义精神

"乒乓精神"中所蕴含的教育价值是弘扬爱国主义精神的良好载体。包括乒乓球运动在内的体育运动除了可以健身、健心、增进人的沟通能力外，还会塑造人的完美性格和培养人的精神。就一个民族来说，当民族精神形成后，许多思维、习惯、方式就会被深深打上文化的烙印，融合于该民族成员的心理意识里，成为该民族团结与前进的动力，能够起到净化民族心理、振奋民族士气的作用。

"乒乓精神"的教育价值在于进一步弘扬了中华民族的基本精神，这些重要的精神所产生的意义早已不再局限于体育界的范畴，更是值得全社会的思考和学习。在中国乒乓球队的训练场里，很轻易就能够看到五星红旗和"胸怀祖国、放眼世界""祖国荣誉高于一切"的标语，这首先强调了运动员加入这个集体中的最根本意义是什么。同心同德、团结战斗集体主义精神，教育人们学习谦让、互帮互学、团结合作，这可以让队伍中的每一个人明确自己的任务和价值，焕发出巨大的凝聚力和战斗力。这也就不难理解为什么有外国选手说："当与中国选手对阵时，总感觉自己面对的是一个团队，而不是一个人。""人生能有几回搏""从零开始"等精神，培育了人们顽强的意志品质和健康积极向上的性格。这些原本应用于中国乒乓球队的"乒乓精神"现如今已引起了社会的广泛关注，甚至已经对社会文化产生了积极的影响。

（三）指导了人们积极的思想行为

社会的发展不应只是物质上的，如此只会带来更加物质化的人。除了物质以外，社会发展程度如何的标准还要有精神层面的发展情况。乒乓精神中所具有的社会价值能够体现出"社会导向的功能，指导人们思想、行为的方向"。

首先，中国乒乓球队多次被评选为中国体坛的最佳团队，很多运动员也多次获得国内外体育大奖。他们是我国各项体育运动队、运动员学习的榜样。为此，国家体育总局还特别号召全国体育界人士广泛开展学习活动，学习中国乒乓球队的经验和进一步深入发掘中华体育精神。

其次，"乒乓精神"对培养青少年成长为"有理想、有道德、有文化、有纪律"的社会主义新人起到了积极的作用。对于青少年的培养要将主线把握得当，特别是要培养他们的集体主义、爱国主义精神，树立正确的价值观，克服懒惰、自私、无责任感的不良行为和思想。人生的道路是蜿蜒曲折的，人生不如意十之八九，乒乓精神中的发奋图强、艰苦奋斗、不屈不挠、败不气馁的优良精神，可指导青少年克服困难和失败，将他们最终打磨成器。

最后，"乒乓精神"对企业提高核心竞争力也有较大促进作用。在当今的市场经济体制下，一个企业是否能够适应激烈的市场竞争，需要依靠多方面因素，其中最核心的就是企业竞争力，这属于硬核实力，一方面需要过硬的技术，另一方面需要严格的管理，而无论哪个方面都需要人的参与。"乒乓精神"中所包含的对团队凝聚力有高度要求的集体主义精神就与企业发展所必需的精神属性完全吻合。著名经济学家、《经济日报》原总编辑、中国企业联合会原副会长艾丰在提高企业竞争力"十五招"中将"乒乓球对策"列为第二招，并提出"经济乒乓球"的概念。长虹集团董事长赵勇也曾说过："长虹将充分借鉴中国乒乓球队创新拼搏的精神和更高更快更强的奥运精神，并将融入长虹的企业体系、创新中去，加速实现中国民族品牌的持续辉煌。"

第三章　不同群体乒乓球运动的发展

随着时代的发展与进步，乒乓球运动的发展也应朝着多元化的方向不断探索。本章即针对不同群体中乒乓球运动发展进行论述，主要包括竞技乒乓球运动的发展、大众乒乓球运动的发展以及校园乒乓球运动的发展。

第一节　竞技乒乓球运动的发展

中国乒乓球在世界乒坛的地位很高，中国乒乓球队的辉煌成绩为我国在世界上树立大国形象、提升国际影响力做出了突出贡献。但我们也必须面对中国乒乓球大众关注度下降、乒乓球人才培养"重物轻人"、培养效益低、竞技乒乓球发展缺乏文化支撑等问题。只有着力解决这些问题，才能促进我国竞技乒乓球运动的可持续发展。

一、竞技乒乓球后备人才的科学培养

（一）竞技乒乓球后备人才培养的指导思想

1. 以人为本

培养竞技乒乓球后备人才，必须树立以人为本的观念，以"以人为本"为根本出发点和落足点，同时要树立新型的发展观，即竞技乒乓球的发展离不

开众多人的参与，竞技乒乓球的发展成果是可以由多数人享有的。

2. 体教结合

在竞技乒乓球后备人才培育中，要将体育与教育结合起来，打破传统人才培养观中将两者分离的局面。树立体教结合的指导思想，应做到以下两点。

（1）将竞技乒乓球与乒乓球教学相结合，培养社会需要的乒乓球人才是乒乓球教育的主要目的之一。

（2）将竞技能力培养和文化教育相结合，培养全面型竞技人才，满足社会发展需求。

3. 可持续发展

培养竞技乒乓球后备人才要走可持续发展之路。体教结合不但有利于全面提高竞技乒乓球后备人才的文化水平与综合素质，而且有利于提高竞技乒乓球后备人才的竞技能力与比赛成绩，这为竞技乒乓球后备人才的可持续发展奠定了坚实的基础。

（二）竞技乒乓球后备人才培养的原则

竞技乒乓球后备人才培养应贯彻以下几项原则：

1. 科学性原则

严格按照科学发展观的要求构建人才培养体系，开展各个环节的工作。以人为本是人才培养的根本出发点与立足点，将此作为竞技乒乓球后备人才培养的指导思想，走可持续发展的培养之路。

竞技乒乓球后备人才的培养是在实践训练中实现的，在训练过程中要向相关体育科研机构、专业教练员以及运动员提供优良的训练环境与科研条件，改变落后的训练方式，使竞技乒乓球训练向科学方向发展，从而培养出符合社会需求以及能够为我国竞技乒乓球事业做出贡献的优秀运动员人才。

2. 协同性原则

在竞技乒乓球后备人才培养中贯彻协同性原则，要求做到以下两点：

第一，将竞技乒乓球后备人才培养体系的各个环节与各个系统有机结合起来，各系统机构制定统一的培养目标，充分发挥各自的功能，努力实现共同的效益与目的，并将教育训练系统与体育竞赛系统的内外部关系处理好。

第二，招收体育特长生时，要适当扩大招生范围，学校要鼓励运动队多参与一些专业竞赛，并多与乒乓球俱乐部合作，使后备人才在不同形式的竞赛中提高实战能力，丰富实战经验，提高运动成绩。

3. 多元化原则

竞技乒乓球后备人才培养的多元化原则主要表现为培养模式多元化、训练方式多元化以及资金筹备多元化。

（1）培养模式多元化。在模式方面，包括体育系统专业队在学校、在专业队训练，在学校进行学习的模式，学校、专业队一体化的模式，体育学院兴办竞技体校的模式，高校举办高水平运动队的模式，传统体育中小学校的模式，体育试点学校多模式共存的模式，等等。这些模式各有特点与优势，它们相互取长补短，从而不断提高乒乓球后备人才培养质量。

（2）训练多元化。不同竞技乒乓球后备人才之间在身体素质、运动基础、训练水平、技战术能力等方面存在差异，面对个性不同的后备人才，要坚持因材施训的原则，采取具有针对性和个性化的训练手段，同时注意训练途径的多元化，以提高培养效果。

（3）资金筹备多元化。培养竞技乒乓球后备人才需要有资金保障。我国培养体育后备人才的资金来源主要是国家财政投入。除此之外，社会各界的支持也是必不可少的，社会各界发挥自身资源优势，提供资金支持，有助于保障人才培养工作的顺利进行。

（三）提高竞技乒乓球后备人才培养效果的建议

1. 加强乒乓球后备人才梯队建设，保证乒乓球后备人才数量充足

人才梯队建设是中国乒乓球长盛不衰的重要基础，后备人才年龄结构层次的合理性对中国乒乓球的发展具有重要意义。建立金字塔型的后备人才梯队，扩大生源渠道，从而保证基层队伍基数。同时，构建完善的乒乓球后备人才选拔机制，形成层层筛选、优化资源、集中培养的机制，不断提高乒乓球后备人才的培养效率和人才质量。

2. 科学训练，不断完善组织管理体系

在青少年乒乓球人才训练中，基本功和体能训练是影响他们职业生涯高度

的一个决定性因素。首先，应着重强调基本能力的培养，避免唯成绩论；其次，正确认识体能的重要性，提高训练的积极性；再次，增设理论课，提高后备人才的知识素养；最后，建立完善的教练员评价机制，促进教练员完成相应阶段的训练工作。在组织管理体系建设上，应调整组织构架，加强民主管理，提供后勤保障，增加乒乓球后备人才自我展示的平台，尊重其个性发展。

3. 构建多元化学习平台，提高乒乓球后备人才的综合素质

文化素质是保证运动员发展的基础，专业理论是理解项目特征的保障，多行业资讯则是认知外界的重要内容，因此在竞技乒乓球后备人才培养中应重视构建多元化学习平台，保证充裕的文化学习时间，建立相应的弹性学制，开发针对运动员的教学模式；增加专项理论知识的教学；建立杂志阅览、讲座等多行业资讯传递平台。总之，要通过多种手段、方法进行全面的培养。

4. 积极动员各方面力量，加大乒乓球人才培养基地的建设力度

积极动员各地加快省市级乒乓球后备人才基地建设工作，鼓励体校、学校、社会力量等不同主体申报国家级、省市级乒乓球后备人才基地；完善基地教练员水平评价标准，继续开展全国乒乓球后备人才基地教练员继续教育和岗位培训工作；加大对各后备人才培养基地的投入力度，不断完善基地基础设施建设。

二、我国竞技乒乓球运动的可持续发展路径

（一）树立"以人为本、和谐世界"的发展理念

我国乒乓球队从成立之日起，就将"为国争光"确立为最高奋斗理念，在这一理念的支撑下，不仅成就了中国乒乓球队的长盛不衰，也成就了"乒乓外交"的历史佳话。随着科技的飞速发展，中国社会发生了翻天覆地的变化，尤其是改革开放以后，我国经济腾飞，国际地位提升，人民生活水平提高，闲暇时间增加，精神需求也不断增加。这一切都要求还竞技乒乓球运动以本来面目，使人们对竞技乒乓球的需求从单纯的"为国争光"向促进人的身心和谐发展和更好地服务于人类幸福生活转变；从包揽世界大赛金牌的"独乐乐"向促进世界乒乓球运动共同繁荣的"众乐乐"转变。为此，需要树立"以人为本、和谐世界"的发展理念，以更好地推动中国及世界乒乓球的可持

续发展。树立这一理念，不仅直接承接了"科学发展观"的精髓，也与马克思关于人的自由发展的理论高度吻合。

从本质上来看，"为国争光"理念也是一种"以人为本"的理念，只是"为国争光"理念是从政治本位和社会整体本位来实现"以人为本"。一直以来，中国竞技乒乓球界在践行"以人为本"理念时，强调国家利益和社会整体本位，个人本位和个人需求在一定程度上被忽视了。"以人为本、和谐世界"的理念不仅在宏观上暗含了"为国争光"这一整体本位的国家需求，也在微观上使个人本位的个体需求得到了满足；不仅注重国家的利益，也兼顾个人的利益；不仅兼顾了其"工具"功能，也凸显了其"玩具"功能；不仅有助于提高运动员的培养质量，也有助于提高社会大众的生活质量；不仅有助于推动中国竞技乒乓球的可持续发展，也有助于促成世界乒乓球运动的共同繁荣，从而使来源于世界的乒乓球运动重新回归世界，造福全人类。

（二）树立"夺标育人"理念，促进运动员的全面发展

我国竞技乒乓球运动发展之初，"为国争光"是最高指导思想，在这一思想的引领下，中国乒乓球队诞生了很多世界冠军。但在运动员的培养过程中也不可避免地存在"重物轻人"、文化教育缺失、培养效益低等问题。现阶段，国际社会正在向"知识主导型"社会演进。为此，许多国家都在制定"文化发展战略"，以求用"文化GDP"替代"高耗GDP"，以减少因经济增长对环境的破坏。这些趋势与奥运会以"教育青年"为核心的宗旨相吻合。中国乒坛元老张燮林说，我们现在提倡"打文化球"，就是需要球员有丰富的思想和自主精神，能独立思考，从而使他们在训练和比赛中具有更强的分析能力和自我控制能力，这就需要有较高的文化水平。为此，培养乒乓球运动员应树立"夺标育人"思想，通过"以物炼人"和"以文化人"来实现运动员的"人物双修"。这意味着在乒乓球运动员培养过程中，不仅要重训练、成绩和"硬实力"，也要重文化素质、人格修养和"软实力"。因此，加强运动员的文化教育刻不容缓。对运动员的人文素质教育、道德教育、人格塑造要贯穿乒乓球运动员的训练过程中和训练之外。最终通过多元化的教育培训提高乒乓球运动员的文化素质、综合素质，提高训练效果，充分开掘其运动潜能，提升乒乓球

人才培养效益和运动员的运动生涯高度，进而实现"文化兴体"、以"文化"推动我国竞技乒乓球运动可持续发展的目的。

（三）拓展竞技乒乓球运动的社会功能，夯实可持续发展的大众基础

现在，中国的国际地位和经济实力都有了显著提升，国人有资本将乒乓球视为"一个玩具"。西方国家的一些历史学家更是给体育冠上"国家娱乐"的称号。刘国梁也指出，金牌的重要性毋庸置疑，但金牌不是唯一，乒乓球的多元化发展和对社会的贡献也很重要。为此，中国乒协通过举办"民间球王争霸赛""2014乒协会员联赛""全国历史文化名城赛""全民乒乓网上线"等活动，搭建了世界冠军与民间球手互动的平台。让世界冠军融入其中，通过与民间球手过招，沟通交流，展示高超球技、释放明星效应，宣传乒乓球运动的健身价值、娱乐价值和教育价值，培养民众的参与意识、规则意识和良好的人生态度，这就真正发挥了竞技乒乓球对大众乒乓球的文化引领作用与辐射作用。

此外，国乒开展了一系列的世界冠军进校园活动，通过国乒队员与北京大学、深圳大学等校园学子的球技互动、心声互动，让更多学子与国乒队员共享爱国主义、集体主义、公平竞争、刻苦训练、远大理想、刻意创新、唯物辩证、拼搏进取、昂扬向上等乒乓精神，分享乒乓文化的精髓和乒乓球运动的快乐。开展这些活动，不仅拓展了竞技乒乓球运动的功能，实现了其惠及大众、惠及教育的多元价值，而且也为竞技乒乓球运动的可持续发展奠定了坚实的大众基础。

（四）承担起推动世界乒乓球运动发展的责任，构建中国竞技乒乓球运动可持续发展的生态园

北京奥运会后，中国竞技乒乓球运动的发展迈入了新的历史时期，我国要树立"以人为本、和谐世界"的发展理念，使中国竞技乒乓球运动在实现"为国争光"目标的同时，承担起推动世界乒乓球运动繁荣发展的责任，构建起中国竞技乒乓球运动可持续发展的生态园，使乒乓球运动造福于世人。国际乒乓球联合会前主席维克特指出，"我希望中国作为一个乒乓大国，能够在人力、财力、物力等各个方面，给其他乒乓球协会提供更多的支持；希望中国不仅是输出教练员，还要鼓励更多的国外选手来中国参加训练营，真切感受中国

乒乓球的发展，从而才会进步得更快"。客观来说，中国乒乓球界已经为世界乒乓球运动的发展做出了诸多努力。从 2009 年"养狼计划"的实施，到履行"高等教育教学、高水平运动员训练、国内国际培训、科学研究、国际交流与文化传播"职能的中国乒乓球学院的创立；从国际大赛跨国运动员的配对到吸引国际球员来华参加乒超联赛；从国内资深教练的国外执教到举办乒乓球发展论坛、诚邀国外运动员来华培训，无不见证着中国乒乓球界的努力付出。更可贵的是，伦敦奥运会后中国乒乓球进入"第三次创业"期，这次创业中国乒乓球真正担负起了引领世界乒乓球运动发展、振兴世界乒乓球的历史责任，而且与以往侧重于从人力、技战术、器材等物化层面提供支持不同，"第三次创业"不仅要在物化层面提供更广泛、更彻底的支持，也要从思想层面给予引导和指导，就是要将中国乒乓球在漫长发展历史中所凝练出的特色乒乓文化传播出去，与世界各国共享。为此，"第三次创业"确立了"以弘扬中国乒乓文化为核心任务的发展目标"。挖掘乒乓球运动的文化价值，夯实文化基础，彰显文化特色，拓宽文化视野，加强文化传播，是落实"第三次创业"的根本举措，也是推动我国乒乓球运动可持续发展的文化根基。

第二节　大众乒乓球运动的发展

随着时代的发展和全民健身意识的不断提高，参与健身运动的人越来越多。我国乒乓球运动具有深厚的群众基础，利用乒乓球运动在全民健身中的优势，引导人们广泛参与乒乓球健身活动，不仅可以实现乒乓球运动的健身价值，提高大众健康水平，还能推进全民健身运动的进一步开展。

一、大众性乒乓球竞赛的组织与管理

（一）大众性乒乓球竞赛组织与管理的原则

1. 群众性原则

大众性乒乓球竞赛以增强群众体质、推动大众乒乓球活动广泛开展、丰富群众业余文化生活为主要目的。因此，大众性乒乓球竞赛的组织必须有利于广大群众参加和观看，注重群众性。只有吸引和组织尽可能多的群众参加，才能更好地达到预期目的。

贯彻群众性原则要注意以下几个方面：

（1）大众性乒乓球竞赛应以小型竞赛为主。大众性乒乓球竞赛虽然也需要一些高层次、大规模的竞赛活动，但是大众性乒乓球竞赛应侧重于普及，主要应以基层开展的小型竞赛活动为主，并注意把竞赛活动与平时锻炼有机结合，以竞赛促锻炼。

（2）大众性乒乓球竞赛活动应安排在空闲时间或节假日，这样既方便群众参加，也有利于群众欣赏比赛。

（3）大众性乒乓球竞赛的形式与内容应丰富多样。大众性乒乓球竞赛的参加对象十分广泛，因此必须采用多种多样的竞赛内容，以吸引广大群众，满足不同人员参加竞赛的需要。

（4）大众性乒乓球竞赛的方式应机动灵活，简便易行。大众性乒乓球竞赛可以借用高水平竞技体育的竞赛方法，但不必拘泥于竞技体育竞赛规则、裁判法等，可以采用机动灵活的竞赛方式以吸引群众参加。举办大众性乒乓球赛事，可适当降低难度，简化比赛程序，以节约时间、人力和资金。

2. 可行性原则

可行性原则是指在组织大众性乒乓球竞赛的过程当中，要根据当地的条件设施，参与者的具体年龄结构组成等方面来进行。大众性乒乓球竞赛活动计划的组织方案、项目内容等必须从实际出发，做到切实可行。

贯彻可行性原则应注意以下几点：

（1）从各地实际情况出发制订大众性乒乓球竞赛活动的计划，确定组织方案，充分利用人力、物力、财力等资源。开展大众性乒乓球竞赛活动，应本着艰苦奋斗、勤俭节约的精神节省开支，要支持群众因陋就简地开展活动，坚决反对互相攀比、铺张浪费的做法。

（2）要考虑竞赛的时间、场地。大众性乒乓球竞赛具有非常规性特点，对时间、场地安排不可能像正规的竞赛那样要求，应根据竞赛的规模、水平、参加对象及现有的场地情况灵活安排，必要时可根据场地情况设置项目和确定竞赛时间。

3. 区别对待原则

区别对待原则就是在组织比赛的过程当中要根据不同的社会条件、不同的地区、不同的参与人群进行有区别的组织安排。

（1）社会条件的区别。由于各地经济发展不平衡，因此要实事求是地按照各地的实际情况来组织比赛，不要一味地追求赛事的质量而忽略了社会条件不同造成的差异。在比赛的组织安排中，要充分考虑各地的资源情况，切忌生搬硬套其他地区的模式。

（2）参与人员的区别。大众性乒乓球竞赛的参赛者包括各个年龄阶段的人群，在安排竞赛的过程中要充分考虑年龄的差异，包括不同年龄群体身体条件的差异，从而合理设置项目。

4. 激励性原则

激励性原则是指在组织比赛的过程中运用各种方法和手段对参与者进行组织和管理，从而充分调动参与者的热情，使他们全身心投入比赛中。

（1）集体荣誉激励。大众性乒乓球竞赛中集体荣誉激励是激发人们参与体育竞赛的一个很重要的方面。比如说几个社区共同组织的一项比赛，为了比赛能够取得好的成绩，社区的负责人会组织本社区的人来进行锻炼，在这样的一种有组织的锻炼之后能够激发人们的体育动机，将人们吸引到健身活动中，这就需要转变观念，从"让我参与"变为"我要参与"。

（2）教育引导激励。教育引导激励就是采用多种健康教育手段，宣传运动锻炼的意义，使人们对于运动健身的知识有更多的了解，最终达到使其积极参与锻炼的目的。

5. 协作性原则

协作性原则就是在组织大众性乒乓球竞赛的过程当中要协调好不同部门的关系，能够为比赛更好地进行做好一切准备工作。由于群众体育是由不同的社会系统共同参与管理的，不同的社会部门往往从自己本部门或者本系统的立场出发，代表不同的利益要求。因此，如何协调各部门的行为，尽量减少和缓和他们之间的利益冲突，强化他们之间的联系与合作，就需要管理者遵循协调性原则，即由负责体育的部门和其他部门合作、协调，处理好社会工作中的各种关系，充分利用社会体育资源。

6. 创新性原则

创新性原则是指在组织大众性乒乓球竞赛的过程中，充分运用先进的科技知识和管理模式，以期达到更好的组织管理效果。它主要包括以下几个方面的创新：

（1）目标创新。目标创新就是在组织大众性乒乓球竞赛的时候要对不同的时期、不同的地方、不同的年龄群要根据实际情况进行革新，从而能够满足人们对于健身的需求。随着我国体育事业的发展，在积极争取政府支持的情况下，组织各种各样的大众性乒乓球竞赛成为促进人们进行体育锻炼的一个良好方式，在组织的过程中要充分考虑组织比赛的目标是什么，从而为比赛确立一个方向，这样才能顺利开展比赛。

（2）技术创新。技术创新包括比赛场地器材的创新和运动员在自己参加比赛的项目中技术动作的创新，但是在组织大众性乒乓球竞赛中主要是场地器材的创新。现代体育运动的一个主要特点是，在体育活动过程中广泛运用先进的理论和科学技术。在大众性乒乓球竞赛组织中也应当尽可能地利用当前先进的体育设施、体育器材来为他们服务，这样能够提高他们参与运动的兴趣，同时也能够使他们感觉到组织者是重视比赛的，从而更好地调动他们的积极性，使比赛更加有意义。

（3）项目创新。项目创新就是在组织管理的过程中，要根据比赛的实际情况来安排比赛的项目，使比赛项目具有一定的特色，这样才能使比赛产生更大的影响力，从而实现预期的举办目的。大众性乒乓球竞赛和竞技性的比赛要区分开来，从而使比赛更富有趣味性，更加具有合理性，最终能够使参与者真正从中体会到比赛的乐趣。

（4）制度创新。制度创新就是根据不同形式的比赛要有不同的制度来维持，制度是组织运行方式的原则规定。在组织大众性乒乓球竞赛的时候要协调好各方面的利益关系，要根据不同性质的比赛建立不同的组织委员会来共同承担赛事的组织，明确不同单位的任务，同时也是这些组织在这一领域的权利和利益的保证，从而保证赛事正常、有序进行。

（二）大众性乒乓球竞赛组织工作的主要内容

1. 竞赛编排工作

整体而言，大众性乒乓球竞赛编排的任务主要有以下几个方面：

（1）以竞赛的总体部署为依据，对外部环境和内部条件进行调查和分析，使竞赛目标能建立在客观实际的基础上。

（2）合理地利用人力、物力、财力，制订周密的竞赛计划，力求使整个竞赛工作有条不紊地进行，产生整体效应。

（3）根据竞赛的规模、种类、形式与条件，对竞赛的过程，做出妥善的组织安排，使竞赛中的各项工作能收到互相衔接、平稳协调的完美效果。

（4）尽可能调动社会支持竞赛的积极性，最大限度地提高竞赛效益。

2. 注册报名工作

大众性乒乓球竞赛注册报名的系列工作，包括制订报名表、审核报名表、统计报名情况等。承办单位受理报名表后，要尽快地进行各项目的运动员及随队人员的男、女人数统计汇总，以使大会各部门掌握确切的人数。

3. 编印竞赛秩序册、成绩公告、成绩册

竞赛部和各竞委会按既定计划编印秩序册、成绩册，封面设计、规格大小、纸张质量、广告插页等应该在大会筹备期间由有关领导部门共同商定。

竞赛秩序册包括竞赛日程、各单项秩序册。成绩公告要做到全面扼要、重点突出，出示成绩公告应先后有序、准确迅速。

竞赛结束后编印成绩册包括总成绩册和单项成绩册。总册要包括所有竞赛大、小项目优胜者的成绩；单册则要记录本项目中所有参赛者（队）的各项成绩。

4. 颁奖

颁奖工作既是大众性乒乓球竞赛工作的一个步骤，又是一项礼仪性工作，组织工作一定要严密。一是设计制作奖品；二是发奖仪式应隆重庄严、组织严谨、规范有序。因为媒体的介入，使得颁奖工作成了人们关注的焦点，其组织工作的好坏，将成为大众乒乓球竞赛工作的一大亮点。

（三）大众性乒乓球竞赛组织与实施的方法

1. 规划方法

规划，是一个较长时期群体性竞赛工作发展的总目标。制定规划时，要认真研究体育方面的方针政策，对所管辖范围内群体性竞赛的情况进行客观评估，对未来发展做出恰如其分的分析，要留有充分的余地。

规划大体分为对过去情况的估价；规划的指导思想；总指标，各项具体指标；完成规划指标的措施等部分。

2. 行政方法

行政方法是指按照一定的职权范围，直接指挥管理对象的方法。它的核心是用非经济手段指挥下属的活动。在实行行政方法时，下达指令的方式包括命令、条例、规定、通知和指令性计划等。行政方法实行强制，但不等于个人专制、强迫命令。

政策和策略是组织的生命，是任何一项事业成功的根本保证。有了政策，不仅使大众性乒乓球竞赛工作有了明确的方向，同时使竞赛管理部门在实施管理时，具有权威性和针对性。因此，确定政策在大众性乒乓球竞赛活动的组织与管理中非常重要。

3. 法律方法

法律方法是指利用各种法规、法令有效规范和协调群体性竞赛活动中各种关系的方法。由于群体性竞赛是由不同地区、不同行业、不同系统的人们组成的复杂系统，而体育健身活动中存在许多矛盾，这就形成了非常复杂的社会关系。因此，有必要建立人们共同遵守的法律制度，用法律的方法进行管理时，常常采用合同的方式。合同是通过协商约定各自权利义务等具有法律约束力的文件。在社会体育活动管理中，各体育组织之间、体育管理者和体育活动的参与者之间都可以以合同的方式规定各自的权利和义务，做到有章可循，各司其职。

4. 宣传方法

宣传方法是进行群体性竞赛活动组织与管理的一个重要方法。由于群体性竞赛活动大多以人们自愿参加为主，因而通过有效的宣传，可以使人们加强对体育的理解，从而自觉地投身到体育活动中来。宣传可以采用各种不同的形式，除了大量的口头宣传，还可以通过广播、报刊等进行宣传。在举行大型活动时，还应该尽力争取电视台转播。宣传工具运用越广泛，就能收到越好的宣传效果。

5. 经济方法

经济方法是指使用经济手段，利用经济利益的影响或控制被管理者的方法。采用经济的方法进行管理时，可以采用拨款、投资、赞助、奖金、罚款等经济手段和经济责任制、承包制、招标制等经济制度。采用经济方法进行管理时，要特别注意不能脱离主要的管理目标，还应注意不要忽略社会效益。实际上，只有使人们的体育需求得到了满足，举办大众乒乓球竞赛活动才会获得经济效益。

6. 竞赛方法

竞争是体育的固有属性。竞赛，是体育的重要表现形式。群众性的竞赛活动，对大众有着极大的鼓舞、激励、宣传和号召作用，是推动群体性竞赛活动发展的有效措施，可起到掀起群体性竞赛高潮的"杠杆"作用。

运动竞赛对体育活动具有明显的刺激作用。只要使用得当，它将是推动群体性竞赛活动开展的一个低成本、见效快的好办法。组织群体性竞赛活动时，要注意竞赛与平时锻炼相结合，以赛促练，做到群体性竞赛活动经常化。竞赛方式要机动灵活、简便易行，有利于体育活动广泛开展。加强赛风、赛纪教育，防止伤害事故的发生。竞赛项目选择和规模的确定要符合当时、当地的条件，符合群众体育水平。

要认真准备群体性竞赛活动，精心组织。如果是较大型的、正规的竞赛活动，要严格按规程、规则办事；组织好队伍，安排好裁判；场地设备要与竞赛规模相适应；要加强政治思想教育，严禁弄虚作假。

7. 评比方法

评比是多年来我国大众性乒乓球竞赛工作中广泛采用的重要措施之一。评比与竞赛一起被誉为社会体育工作的两大"杠杆"，对于促进竞争机制发挥着重大的推动作用。评比表彰活动需要注意质量和效果，维护评比表彰的严肃性和先进性。特别要防止弄虚作假，提倡精神鼓励，要及时宣传典型，全面推广经验。

二、全民健身背景下大众乒乓球运动的科学发展对策

我国乒乓球运动具有群众普及率高、适合全民消费、锻炼效果好等特点和优势，在全民健身背景下利用这些优势发展大众乒乓球具有重要意义。

下面具体分析我国大众乒乓球运动在全民健身背景下的科学发展策略。

（一）全面实施全民健身计划，提高人民大众的健康意识

我国政府部门正在全面推行与实施《全民健身计划纲要》，借此机会，各地应加强对群众体育的改革，建立大众体育群众化实验基地，为群众体育的开展营造良好的环境氛围。此外，有关部门还应建立与完善群众体育体制，同时可以在体育院校建立专业的大众乒乓球指导员培训基地，充分发挥社会体育指导员在大众乒乓球健身活动开展中的作用，培养群众的体育意识，使大众养成参与乒乓球运动锻炼的良好习惯。

（二）加大经费投入力度，改善乒乓球运动的硬件建设条件

体育场馆设施及运动器材的匮乏是制约广大乒乓球爱好者参与乒乓球运动的主要因素之一。体育经费的严重短缺，直接影响着乒乓球运动健身价值及功能的发挥，因此，要改变目前体育经费不足、乒乓球场地设施匮乏等状况，就必须加大经费投入力度。

首先，各级政府部门应重视和加强体育经费的管理和规划，设立专项群众体育基金使用及规划长期机制，加大对体育场馆、器材和设施的硬件投入，并设立专门的体育场馆、器材和设施的维修和保养制度，积极改善不利于群众乒乓球运动开展的外部环境。

其次，在现有硬件条件的基础上，可以利用业余时间积极开展形式多样的有偿活动，达到以场养场，以馆养馆的目的，形成良性的循环体系。

最后，还可以与学校、社区周边的企业联合共建体育场馆设施，实现资源共享，优势互补，这样既丰富了社区和企业员工的业余体育文化生活，又解决

了大众乒乓球运动发展中资金短缺的现状，进而保证乒乓球健身活动的顺利开展。

（三）立足学校，加大乒乓球运动的普及教育

学校是对学生进行有目的、有计划、有组织的传授体育知识、技能和提高身体素质的一个重要场所。乒乓球运动所具有的特殊属性是广大学生喜爱乒乓球运动的主要原因之一，也是增强学生体质的主要运动项目之一。为了更广泛开展和普及乒乓球运动，学校应该建立健全乒乓球教育制度，支持学生参加各种形式的乒乓球活动，提高学生的自身素质和专项能力，以适应社会的需要。

在学校体育中要将乒乓球运动作为学校特色体育项目进行推广和普及，要做到以下几点：

首先，形成校有球桌、校有球队、人有球拍的良好氛围。

其次，学校配备专门的乒乓球器材，多渠道筹措资金以支持项目规划，有计划地完善乒乓球器材设施条件。

再次，学校积极调整体育课授课内容，在体育课中加入乒乓球理论知识教育，并保证相应的教学时间，体育教师能熟练地教授学生乒乓球课。同时，体育教师要利用课余时间和课外活动时间积极辅导学生，依托校乒乓球队、班级乒乓球队来带动乒乓球运动在全校的开展，从而提高学生乒乓球技术水平，使乒乓球运动在全校中得到广泛推广和普及。

最后，积极开展形式丰富的校园乒乓球比赛活动，把乒乓球比赛列入学校运动会中，以此推动乒乓球运动在学校的普及，也为学校体育工作不断开创新局面。

（四）繁荣体育市场，组建多层次的乒乓球健身俱乐部

随着社会经济的发展，人们的体育需求呈现出多样化态势，许多民众已经不满足于传统健身路径，"花钱买健康"的观念已深入人心。乒乓球健身运动要利用好社会经济与健身娱乐产业的发展机会，鼓励各种社会组织建立不同形式的乒乓球健身俱乐部。由于居民经济收入水平不同，乒乓球俱乐部应有不同规格，从普通工薪阶层到收入较高的白领群体都有选择的空间。加强电视、广播等新闻媒介对乒乓球的报道，正确引导广大群众的乒乓球健身消费意识，让

更多的群众参与到乒乓球运动中来，推动乒乓球健身俱乐部的发展。

由于乒乓球运动自身的特点，可根据场馆、器材的实际情况，以健身性、娱乐性、教育性为目的，国家相关部门要出台优惠政策，吸引并鼓励社会团体或个人组建乒乓球健身俱乐部，为全民健身做出具体工作，为居民参与乒乓球健身提供更多的机会与便利。目前，国内许多地方正在兴办各种营利性乒乓球俱乐部，在乒乓球培训、乒乓球健身等方面已经有所收益。

（五）积极开展乒乓球健身活动，举办形式多样的乒乓球竞赛

1. 以社区为单位，积极开展乒乓球健身运动

为了最大限度地激发广大乒乓球参与者的兴趣，作为乒乓球爱好者进行健身的主要场所——社区活动中心，应该积极开展各种形式的乒乓球健身活动，来满足乒乓球爱好者的需求。

一方面，社区活动中心应该成立乒乓球协会，组织者可以在闲暇时间联系其他社区的乒乓球协会组织，以及健身俱乐部不同水平的爱好者进行乒乓球竞赛活动，"以赛代练，以赛促练"为理念，从而丰富乒乓球爱好者的比赛经验，提高乒乓球爱好者的技战术运用水平。

另一方面，组织者可以适时组织参与者去观摩乒乓球教学或比赛的视频录像，使他们从观摩中找出自己的技术弱点，分析自己锻炼时难以解决的问题，同时更直观地理解一些技术动作的概念。从而在以后的锻炼中可以取长补短，更好地规范自己的乒乓球技术动作，提高乒乓球技战术水平。最终使乒乓球运动项目在各个社区快速、蓬勃地发展起来。

2. 结合不同人群的特点开展不同形式的乒乓球活动

乒乓球运动形式简单、易于普及，适宜不同的人群参与。针对不同人群的实际情况与需求而开展形式各异的乒乓球活动，有助于提高活动的实效性，使不同乒乓球爱好者都能找到适合自己参加的活动形式，培养良好的参与习惯。

（六）发展农村体育，促进乒乓球运动在农村的普及与推广

因为受经济因素的限制，农村体育发展与城市相比较为落后，广大农民很难正确理解全民健身，很多农村居民认为干农活就是锻炼身体，没有疾病就是健康，而真正将跑步、羽毛球等运动融入日常生活中的人很少。农村居民普遍

喜欢散步，这是他们最方便参与的运动，这项运动没有场地限制，不需要辅助器材，也不用投资。而乒乓球运动需要器材，初学者不了解乒乓球运动的基本技术，没有人指导，就会做出不规范的击球动作，甚至这些动作是没有任何实际效果的。因此，为了更好地发展农村体育，普及乒乓球运动，政府部门应重视现在的问题，加大体育建设投入，建立相关器材设施，聘请专业乒乓球教练指导农民学习乒乓球，培养农民对乒乓球运动的兴趣，使农民掌握基本的技术、技巧，在参与乒乓球运动的过程中体验乐趣，将此作为锻炼内容和生活的一部分。广泛农民参与乒乓球运动，更有利于在农村广泛传播与推广乒乓球运动，促进我国全民健身事业的平衡发展，缩小城乡差距。①

（七）培养优秀的体育指导员队伍

当前，我国虽然有一定数量的体育指导员，但是这些指导员普遍学历较低，科研能力较差，而且专门负责乒乓球指导的指导员较少，严重影响了我国大众乒乓球运动的发展。对此，应严格要求体育指导员每年撰写一篇有关队伍建设的论文，以鼓励各地引进高职称、高学历、高水平的体育指导员，并以实际情况为依据定期开展对体育指导员的培训工作。各地体育主管部门应进一步开展基层体育指导员业务培训工作，加强整体规划，做好协调沟通工作，顺利实施体育指导员培训计划。

在对体育指导员进行培训的过程中，应重点开展学历教育和岗位培训，并为指导员提供在职进修的机会，促进体育指导员综合业务素质的全面提高。各地区的体育局可以借助地方高校的师资力量，对下属体育指导员展开多种形式的业务培训，并制定定期考核制度，使通过考核的体育指导员充分发挥自身在大众乒乓球运动中的作用与价值。

（八）营造氛围，积极弘扬乒乓运动文化

乒乓球运动虽然是舶来品，但是它的运动形式比较符合中国人的身心特点。在长期的实践中，不断吸收中国传统文化的内容，形成了具有中国特色的乒乓文化。我国乒乓球运动提出的"稳、准、狠、快、转、变"等技术要领，

---

① 张钰晨．乒乓球运动的多元发展与教学训练创新研究［M］．北京：九州出版社，2019.

汇成一种顽强拼搏、振兴中华的乒乓文化。乒乓球运动在中华人民共和国成立之初乃至现在，对激励中国人奋发向上、不断进取起到了十分重要的作用。因此，要不断营造浓厚的乒乓球文化氛围，丰富和挖掘乒乓球文化的内涵和价值。在开展乒乓球运动的同时，结合中国传统文化的精华，提倡以球育德、以球益智、以球练志、以球养性、以球会友、以球兴国，使得乒乓球运动真正融入中国传统文化之中，成为真正意义上的"国球"。

（九）乒乓球科研由重竞技性转向竞技性与健身性并重

随着生活水平的不断改善，人们对自身的健康状况的关注程度也逐渐提高，通过打乒乓球提高健康水平已经成为大众参与运动的主要方式之一。因此，要依据当前大众的实际需要，构建专业的科研团队，不仅研究乒乓球运动的竞技性，更要深入研究乒乓球运动的健身机理，不断完善健身理论。同时，选择科学的研究方法，研究乒乓球对人体生理、心理、社会适应、道德健康等方面的积极影响，揭示乒乓球健身效果的内部机制，构建科学完善的乒乓球健身理论体系，以此提高大众参与乒乓球健身的目的性和实效性。

总之，作为我国重点推荐的一项大众体育运动项目，乒乓球运动正在全国不断普及。人们对乒乓球运动的认识也越来越全面，这有助于乒乓球运动进一步走入群众生活，融入全民健身，促进群众身心健康，提升综合素质。在全民健身视域下，体育职能部门应更加重视对乒乓球运动的投入，积极进行宣传和推广，使参与这项运动的人不断增加，从而为全民健身事业的发展奠定坚实基础。

第三节　校园乒乓球运动的发展

在校园开展乒乓球运动，充分发挥乒乓球运动的多元功能，对促进学生身心健康、挖掘学生的运动潜能、培养学生的运动兴趣和运动习惯、提高学生的运动技能和社交能力均具有非常重要的作用与意义。因此要高度重视乒乓球运动在校园的普及与推广，推进校园乒乓球文化建设，促进学生全面发展。

一、校园乒乓球文化的科学建设

（一）校园乒乓球文化建设的原则

校园乒乓球文化建设需要遵循一定的规律，贯彻相关原则，这些原则是在长期的理论研究和实践活动中总结出来的符合校园乒乓球文化的规律。只有严格遵循相关原则，才能科学建设校园乒乓球文化，否则便会事倍功半。具体来说，建设校园乒乓球文化需要贯彻以下几项原则：

1. 客观性原则

校园乒乓球文化作为时代发展的产物，并非空虚的文化概念，其包含具有实质性价值的因素，如物质设施、学生主体、管理制度等。这些具有实质性意义的因素的存在都具有客观性，因此我们必须从客观视角来观察和研究这些因素，不可主观臆断。具体来说，在校园乒乓球文化建设中贯彻客观性原则需注意以下几点：

（1）在乒乓球教学过程中，学生是客观存在的主体，教师不能以自己的主观意愿来改变学生的接受能力。所以，在乒乓球教学活动中，教师必须以学生的客观实际为依据而因材施教。

（2）学校的体育物质条件具有客观性，学校组织室外乒乓球活动时，必须考虑本校的乒乓球器材设备情况。

（3）学校添置与维修乒乓球器材，要考虑客观的财政条件，必须在衡量学校财政能力的基础上完善教学设施。

总之，校园体育文化体系的建设工作必须以客观事实为依据来实施，如果只靠主观独断，无法取得良好的建设效果。

2. 主体性原则

校园乒乓球文化建设必须贯彻主体性原则，主体性原则也可以称为"以人为本"的原则。学生是校园乒乓球文化的创造者和受益者，是校园乒乓球文化体系构建过程中围绕的一个核心主体。现代教育理念已经发生了转变，不再像以往单纯向学生传授某一方面的知识或某项技能一样，而是对学生进行全面素质教育。素质教育要求全面培养学生各方面素质和社会适应力，即将学生培养成为德、智、体等全面发展的综合型人才。构建校园乒乓球文化体系需要继续秉承这一理念，使学生可以在健康的氛围中积极参与乒乓球活动，在参与过程中达到增强体质、树立正确体育观念、深入理解体育精神的目的，并将这些收获用于日常学习与生活中。

学生参与乒乓球活动，不仅能够享受乐趣与实现自我价值，同时还能提高自身对乒乓球活动的组织能力，能够深入学习乒乓球活动的运行规律及组织方法，对学生这些方面能力的培养也是贯彻主体性原则的基本要求。为了达到这些要求，全面培养学生的组织能力，在校园乒乓球文化建设中要明确学生的主体地位，以学生主体为核心组织学校乒乓球活动，从多方面来了解学生的体育需求，并营造与学生发展特征相符的体育文化氛围。如果没有明确学生的主体地位，或没有重视学生的主体地位，则开展任何形式的乒乓球活动都显得没有意义。

3. 统筹协调原则

校园乒乓球文化内容丰富多样，校园乒乓球文化建设是一项系统且庞大的工程，需要在许多方面进行统筹兼顾，协调完善。只有这样，才能提高建设效率，确保每项工作都能顺利、有序地开展，从而达到文化主体的期许。在校园乒乓球文化建设过程中，贯彻统筹协调原则需要注意软件与硬件的协调、课堂教育与课外活动的协调。

4. 与时俱进原则

世界上没有绝对禁止的事物，所有事物都是在不断变化与发展的过程中运行的。新事物的产生主要得益于人的思想变化，大量新鲜事物的出现必定会影响整个社会的变革。社会的变革又会引起文化的发展变化。文化作为时代的产物，虽然具有相对稳定的特征，但总体而言，在社会变革的背景下，无论哪种文化都无法"独善其身"，总会有一些不同程度的变化。校园体育文化作为一种特定的文化群体同样如此。为了适应社会变革的需要，校园体育文化建设也需要做出一些调整。

21世纪，现代人的生活观念发生了转变，人们不再单纯以物质的多少为指标来衡量富裕程度，身体、心理的健康性也成为人们衡量真正幸福的重要指标。在新时代背景下，校园体育文化作为社会亚文化，要以社会需要为依据转移建设方向，从而更好地适应社会发展的需求，更好地服务社会，作为校园体育文化重要组成部分的乒乓球文化也应如此。

（二）校园乒乓球文化建设的策略

下面重点分析校园乒乓球物质文化、精神文化以及制度文化的建设策略。

1. 校园乒乓球物质文化建设

校园乒乓球物质文化是校园乒乓球文化建设的基础。学校良好的体育设施、功能齐全的乒乓球器材设备能够使学生获得更好的文化熏陶，从而更有利于校园乒乓球文化的发展。在校园乒乓球物质文化的建设过程中，应将物质文化作为基础，促进软件、硬件的共同发展。具体而言，校园乒乓球物质文化建设应从以下几方面着手：

（1）注重经费投入。促进校园乒乓球物质文化的发展需要加强对场地设施的建设，而这要求投入相应的经费来保障设施建设的顺利进行。我国学校长期以来体育经费投入不足，场馆设施建设比较落后，这就在一定程度上影响了校园乒乓球文化的发展。当前，我国很多学校的体育场馆建设都没有达到要求，数量不足，质量有待提高。总体来说，就是体育教学配套设施不健全。现代社会不断发展，人们对于体育活动的要求也逐渐提高，求新、求乐、求美成为很多学生的需求。而由于学校体育设施的不足，使得学生的需求不能得到满足。体育经费投入不足是学校体育场馆设施建设落后最为直接的原因。因此，学校应转变观念，增加体育场馆设施建设方面的经费投入，有关部门应将学校体育场馆设施建设情况作为评价校园教育环境的重要方面，建立相应的校园评估体系，将体育运动设施建设作为考核内容，促进学校体育场馆设施建设质量的提高。

（2）提高场馆设施的利用率。我国体育场地设施资源比较短缺，随着人们生活条件的不断改善，体育人口将逐渐增加。面对这一矛盾，学校应积极发挥体育场地设施资源优势，积极适应体育市场的发展，促进体育场馆的市场化经营，从而更好地实现学校体育的发展。

首先，学校应积极改善乒乓球馆的经营管理状况，提高乒乓球馆的利用效率，积极促进乒乓球馆的对外开放。在学校体育场馆的运营管理中，存在学生和社会使用者之间的矛盾：学生要上课或课外锻炼，社会健身者也要使用体育场馆，这无疑形成了矛盾。从长期来看，学校体育场馆都会向居民收取一定费用，针对不同的使用对象和时间段采用不同的收费标准。

其次，提高学校乒乓球馆的使用效率，促进体育场馆的市场化过程中，应杜绝以纯营利为目的，而应该在"以教学为主、创收为辅"的前提下进行。与公共体育场馆相比，学校体育场馆同样面临多重任务，不能为了营利而影响教学，但是也不能紧闭校门。对此，在体育场馆开放时，应在时间的安排上有所侧重，避免与学生学习和锻炼时间发生冲突。一般情况下，学生在节假日使用体育场馆较少，而社会大众在这些时间锻炼的相对较多。学校可利用这一规律，在这一时间段向公众开放体育场馆，满足大众需求。另外，学生的体育课多集中在上午、下午，可在早晨、中午、晚上等时间段向社会开放体育场馆。

各校可以依据本校的实际情况，合理安排乒乓球馆的开放时间，要做好整体上的规划，进行合理布局、细致安排，从而使学校乒乓球场馆设施的利用效率得到最大限度的提高，促进社会效益与经济效益的共同提高。

（3）场地设施建设要体现文化底蕴。校园乒乓球物质文化是校园乒乓球文化的重要载体，也是其外在标志。校园乒乓球物质文化建设的主要目的是促进校园乒乓球文化综合发展，乒乓球物质设施的建设应体现乒乓球文化底蕴。校园乒乓球物质文化中应包含精神文化，忽视精神文化的建设会使得物质文化流于形式。

在校园乒乓球物质文化建设过程中，应重视文化品位，体现和谐、美观。乒乓球场馆设施建设应与学校的办学理念和态度相契合，与学校的环境相适应。场地设施建设应体现一定的艺术美感，从而促进学校文化环境的优化和校园乒乓球文化内涵的丰富，提高师生参与乒乓球运动的积极性。

2. 校园乒乓球精神文化建设

体育精神文化在体育文化体系中居于主导地位，是体育文化的核心。校园乒乓球精神文化建设应从以下几方面进行：

（1）树立正确的体育观。人们对于体育存在的意义和价值的认识和看法就是所谓的体育观，其对体育文化的发展方向具有决定性的影响。树立正确的体育观对于校园乒乓球文化的发展具有积极意义。具体而言，师生应树立的体育观应包括以下几方面：

1）体育是生活的重要组成部分。

2）体育是竞争。

3）体育运动是娱乐。

4）体育运动是消费。

5）运动是完善个性的重要手段。

6）终身体育观念。

（2）提高学生的体育意识。提高学生的体育意识，使学生养成良好的锻炼习惯是乒乓球教学的主要目的之一。体育意识对于乒乓球教学实践的发展具有重要意义，培养体育意识也是校园乒乓球精神文化建设的重要方面。提升学生的体育意识，应从以下两方面进行：

一是转变教育观念，增强意识教育。在我国乒乓球运动教学过程中，长期以来对学生体育意识的培养没有给予高度重视。在教学中，只是将乒乓球运动作为一种知识和技能来传授，而忽视了其在育人方面的功能。传统的教学方式具有其积极的方面，然而其消极方面的影响不容忽视。因此，在乒乓球教学中，教师应培养学生自觉参与运动锻炼的意识，使学生受到良好的思想教育。教师应将终身体育意识与乒乓球教育密切结合起来。

二是加强理论传授，综合培养体育意识。体育教学不仅是技能的传授，同时也应注重知识、理论方面的讲授。教师应不断促进学生知识的积累和丰富，促进体育理论对于学生思想的重要影响。理论对于实践具有重要的指导作用，加强理论的学习能够更好地促进学生掌握技能。

在乒乓球教学中，应注重对运动规律、身体锻炼规律等理论的传授，做到理论与实践相结合，使两者相互促进，从而促进学生的全面发展。

（3）弘扬体育精神。校园体育精神是校园体育文化的升华，深刻反映了校园人的体育价值观念、行为、意识。校园乒乓球文化对学生具有重要的影响，学生置身于校园乒乓球文化氛围中，能够受到潜移默化的影响，实现精神品质的提升，收到良好的教育效果。因此，学校应弘扬体育精神，激励学生不断提升和完善自己。

（4）提高学生的体育素养。体育素养指的是人们习得的体育知识和技能，以及借此形成的正确的体育认识和价值观，还包括待人处事的态度等方面。具体而言，乒乓球运动素养包括以下四个方面的内容：

1）乒乓球知识，如身体锻炼知识、保健知识、乒乓球运动竞赛规则知识等。

2）乒乓球运动技能，如基本技战术以及参与乒乓球比赛的能力。

3）乒乓球意识，即学生对于乒乓球运动的认识和理解。

4）乒乓球运动锻炼的兴趣和习惯。

在乒乓球运动教学中，应促进学生综合素质的提升和体育文化素养的提高。通过提升学生的体育文化素养，能够促进学生的全面发展，实现素质教育目标。

文化在社会上的传播，需要相应的载体，人是文化传承的重要载体。体育文化的发展依赖于人对于体育文化的传承和传播。学生在体育文化传承中扮演着重要角色。学生应充分发挥自身的才智，积极学习和研究体育文化，不断丰富自身的同时，实现体育文化的发展。

（5）培养良好的体育行为习惯。校园乒乓球精神文化建设要求培养学生良好的体育行为习惯。校园乒乓球文化具有良好的育人功能，通过组织各种各样的乒乓球运动竞赛，能够提高学生的体育参与意识，促进学生养成良好的体育行为习惯，这对于终身体育意识和能力的培养和发展具有积极作用。应积极鼓励学生参与形式丰富的课外乒乓球活动与竞赛。

（6）课余乒乓球俱乐部和体育文化节的建设。课余体育俱乐部和体育文化节是校园体育文化的重要表现形式，其对学生具有十分显著的影响，是校园乒乓球精神文化建设的重要方向。

课余乒乓球俱乐部的建设。课余乒乓球俱乐部的建设有利于推动校园乒乓球文化的发展。学校各领导和部门应给予高度重视。学校应积极引导俱乐部建设，并为乒乓球俱乐部开展各种乒乓球活动提供场地和时间等方面的保障，促进乒乓球俱乐部的发展。学校和体育教师应积极引导学生的体育活动，俱乐部应从单纯强调运动技能学习向开展丰富多彩的活动转变，促进学生体育文化素养的提高。校园乒乓球俱乐部举办活动应尽可能满足学生的个性化需求，实现课内与课外的统一。对于学生，可适当收取会员费用，以维持俱乐部的运转。为了避免校园乒乓球俱乐部的无序发展，学校团委、学生会等部门应进行相应的管理，推动其健康有序运作。

体育文化节建设。学校每年都应该举办校运会，这是检验学校体育教学成果的一个重要形式。校运会举办中面临的主要问题是参与人数较少，大多数学生没有参与其中，只是运动员的"看客"。可见，校运会并没有充分发挥出向学生传播体育文化的重要功能。在这一背景下，应积极推动校运会的改革，增加学生的参与兴趣，促进更多的学生参与进来。

学校应积极扩大校运会规模，提高校运会举办质量，将其发展成为体育文化节，提高其在学生中的影响力。通过延长举办时间、拓展举办空间、丰富活动内容与形式等方式吸引更多的学生参与。体育文化节主要包括校园"体育周"和校园"体育日"（健康日）等形式。校园"体育周"是指集中利用一周时间，对学生进行课余体育训练，或组织举办各种宣传教育、运动会等活动。针对校园"体育节"的管理，学校应将"体育节"活动列入学校体育工作计划，并成立临时性指挥机构组织与管理"体育节"期间的体育活动，在管理过程中，要注意取得各有关方面的支持与配合，并做好充分的预备与准备工作。体育周结束后，学校相关部门应做好后续管理工作。

校园"体育日"通常会与有意义的节日或体育形式相结合，一般会占用一天或半天的时间，体育日期间学校可组织进行专题性的体育主题活动，开展体育教育活动。在管理过程中，既可以组织全校性的活动，也可以年级、班级为单位来组织。

总而言之，体育文化节应从各个方面不断创新，促进学生体育兴趣的提高和参与意识的增强，并为学生提供平等参与学校体育活动的机会，这对于校园体育精神文化建设具有重要意义。

3. 校园乒乓球制度文化建设

（1）建立和完善管理制度。虽然我国体育教学已经经历了长久的发展，但一直以来，体育教育的受重视程度并不高，基本上长期处于被冷落的地位。虽然我国倡导学生的全面发展，但是学校体育仍然处于弱势地位。改革开放以来，我国积极推进素质教育改革，并强调了体育在素质教育中的重要作用，因此校园体育文化建设成为校园文化建设的重要方面。

学校要建立乒乓球制度文化，就需要积极贯彻落实相应的体育法规，积极改进乒乓球教育管理的理念，创新乒乓球教育管理的手段。学校应根据自身的实际情况来落实相应的政策法规，突出本校乒乓球文化的独特性。

（2）积极开展各类体育赛事。通过组织乒乓球竞赛活动，各校间互通信息，加强沟通与交流，深入了解，丰富各校校园文化生活。承办比赛不仅能够提高学校的办赛水平，还能够促进校园体育文化氛围的活跃和校园文化生活的丰富。学校应积极组织形式丰富的乒乓球赛事，积极推动乒乓球运动文化的传播与发展。

（3）利用校园网络，丰富校园文化生活。网络在现代社会是非常重要的工具，其为人们提供了各种各样的资源。在乒乓球运动教学中，为了提高教学效果，应充分挖掘与利用各种资源来开发网络课程，包括硬件资源与软件资源。硬件设施是基础，学校应对硬件资源的开发进行规划，并合理利用。校园的网络容量与传输质量主要取决于硬件资源的完善情况。硬件资源不同，容量与传输质量自然不同。网络课程开发中，也会涉及手机网络及其他移动网络，因此要与相关网络的供应商建立联系、密切配合。

在网络课程开发过程中，硬件资源必不可少，但软件应用产品同样发挥着重要的作用。软件资源囊括了乒乓球教学中所有的教学及互动内容。网络教学平台由各类软件资源整合而成，师生在这一平台上可以实现良好互动。从现有的学校体育网络课程来看，网络教学平台中的板块主要涉及体育教学视频和课件、体育比赛视频赏析、师生交流和互动平台、体育论坛等。开发乒乓球网络课程，可借鉴这些经验，将乒乓球知识融入现有体育网络教学平台中。

（4）建立运动队。加强校园乒乓球制度文化的建设还应积极推动学校乒乓球运动队的建设，使乒乓球成为强势运动项目，吸引全校师生的注意力，使乒乓球运动成为师生关注和讨论的焦点，发挥其促进校园体育文化发展的带头作用。

通常情况下，学校运动队的训练是由专门的教练或专门的训练部门负责管理的。在组建运动队时，不仅需要选拔参训运动员、选择指导教师，还要制定好规章制度。

二、我国校园乒乓球运动发展中存在的困境

现阶段我国校园乒乓球运动发展主要面临以下困境：

（一）场地设施不足，场地管理和经营体制不健全

近年来，随着我国经济水平的不断提高，学校规模不断扩大，学校在体育场馆建设上投入了较多的财力，但仍然难以满足目前的教学需要。场馆设施建设是学校乒乓球运动可持续发展的基础，如果场地设施建设不好，乒乓球运动的开展就会受到限制。乒乓球场地设施的短缺问题也恰恰反映了目前我国校园乒乓球运动开展的瓶颈，它已成为制约我国校园乒乓球运动开展的重大障碍。

（二）教师队伍水平较低

近年来，随着学校用人制度的改革，乒乓球师资更加年轻化，高学历的教师越来越多，但学校体育工作的从属性导致学校只注重引进人才，却不重视教师的培育与待遇。体育教师的工作量较大，但待遇低于其他学科教师，而且学校给体育教师提供的专业进修的机会也很少，从而影响了体育教师工作的积极性。

（三）乒乓球课程设置过于形式化，不能满足教学需要

体育课程内容是体育教育的载体，它是根据课程的目标、体育教学内在规律以及现实社会需要来确定的，适应现实社会需要是构建体育课程内容体系的重点。目前，我国学校乒乓球课程设置过于形式化，且过于偏重必修课、实践课，忽视理论课、选修课。理论课在课程设置中所占比例少，学生对其了解不多，致使学生缺乏对体育卫生保健知识、运动损伤与治疗、自我评价与自我监测、运动处方等理论知识的掌握，这不利于学生根据自身情况参与科学合理的乒乓球锻炼与保健活动。而且学校乒乓球课程结构单一、片面，缺乏系统性、整体性和适应性设计，这样就很难满足社会发展的要求以及学生个性和能力的发展需求。

（四）乒乓球课外活动开展不理想

学生课余时间参加乒乓球运动的频率不高，这可能与缺乏教师指导、缺乏场地设施、没有时间、不懂练习方法等因素有关，学校对课外活动的组织管理对学生参加课外乒乓球活动也有很大的影响。很多学校都没有专门组织乒乓球课外活动，只有个别学校有乒乓球俱乐部、乒乓球社团等组织团体，缺少组织的现象会导致学生课余乒乓球锻炼出现很大的随意性、盲目性，没有明确的目标，久而久之就会使学生对乒乓球失去兴趣。

（五）校领导重视程度不够，发展模式落后

许多学校的领导没有真正把校园乒乓球工作重视起来，所以导致经费使用、器材购置、制订计划等事宜难以及时运作到位，这从一定程度上阻碍了学校体育管理机制的运行和工作的正常开展。目前，学校对校园乒乓球运动的管理只局限在课堂教学的管理，而对乒乓球运动队、乒乓球俱乐部、课余乒乓球活动却很少管理，缺少相关的条例和制度，要想真正把学校乒乓球工作落到实处，必须从根本上提高校领导对乒乓球运动在素质教育中的重要作用的认识。

三、阳光体育背景下我国校园乒乓球运动的发展策略

阳光体育是党和国家在新的历史时期为适应社会与体育教育事业的快速发展所提出的一项关乎我国青少年健康成长的国策，是对体育教学理念的完善与创新发展，旨在牢固树立"健康第一"的指导思想，以体育教学、课外体育活动为手段，全面促进青少年学生积极参加体育锻炼，增进青少年学生身心健康，为终身体育奠定良好的基础。阳光体育要和学校的体育活动紧密地结合起来，乒乓球运动是一项集游戏性、健身性、趣味性等于一体的活动，能锻炼学生的身体素质，培养学生顽强拼搏、吃苦耐劳的精神，陶冶学生的情操，使学生释放压力，促进学生身心健康发展，因此有越来越多的学生喜欢乒乓球运动。发展校园乒乓球运动可促进阳光体育的实施，下面重点分析阳光体育背景下我国校园乒乓球运动的发展。

（一）明确校园乒乓球的发展定位

当前，青少年体育与体质健康逐渐得到政府的关注与重视，国家体育总局与教育部以此为契机，共同着手参与全国青少年校园乒乓球活动的开展。同时，校园乒乓球活动也是开展阳光体育运动的一个重要途径，是对《关于开展全国亿万学生阳光体育运动的决定》的贯彻。"增强学生体质"是发展校园乒乓球的重要意义之一。此外，乒乓球回归校园是我国青少年乒乓球后备人才培养模式的战略选择。实践表明，未来我国乒乓球后备人才的培养必然要回归教育，走教育之路才能使青少年乒乓球后备人才培养中的"规模小、质量差、成本高、风险大"等问题得以解决，才能提高后备人才的培养效果。

我国校园乒乓球的发展有两个主要任务。一是推广乒乓球运动，促进学生体质水平的提高；二是构建乒乓球后备人才培养新模式，通过教育与体育的结合来培养新型乒乓球人才，即培养全面发展、特长突出的乒乓球人才。学生都是开展校园乒乓球活动面对的主要对象，校园乒乓球活动的开展能够为学生提供一个优良的运动环境，学生在这样的环境中参与运动，会不断提升体育兴趣，丰富体育知识和提高体育技能。校园乒乓球是阳光体育运动的一项重要内容，校园乒乓球活动的开展能够使乒乓球与学校其他体育运动项目相互包容，使学校体育能够接纳乒乓球运动。作为一种特殊的教育方式，校园乒乓球活动能够促进学生全面发展，使乒乓球运动在更广阔的空间内得到推广，从而促进乒乓球人口数量的增加，挖掘更多的乒乓球人才。

校园乒乓球发展的两个任务之间存在递进关系，第一个任务，即推广乒乓球运动，增强学生体质是"基础"；第二个任务，即对乒乓球后备人才培养模式的构建是"提高"，这两个任务相互依存，相互促进。所以，在发展校园乒乓球运动的过程中，要将基础与提高同时重视起来，这是由现阶段我国经济社会的发展特点和乒乓球发展现状共同决定的。发展校园乒乓球运动，建立普及和提高协调发展的工作机制，使乒乓球运动在广大青少年学生中日渐普及，以此为基础，挖掘并培养大量的乒乓球后备人才。

（二）增强校园乒乓球师资力量

学校应进一步做好培养乒乓球师资队伍的工作，以期为校园乒乓球运动的健康发展提供基础支持。乒乓球教师（教练员）是校园乒乓球第一线工作者，在校园乒乓球活动的推进和发展过程中发挥着举足轻重的作用。可以说，师资是校园乒乓球实现长远发展的关键。不过从我国校园乒乓球运动开展的现状来看，我国的乒乓球师资队伍建设尚不完全，师资力量较弱，不能满足校园乒乓球活动的需要。加强校园乒乓球师资队伍建设、提升校园乒乓球师资力量的工作应该从以下两个方面进行：

1. 增加师资数量

校园乒乓球运动的发展需要大量具有乒乓球专业特长的体育教师积极参与。而现阶段，学校现有乒乓球师资数量还不能满足校园乒乓球活动开展的需求，这是校园乒乓球发展过程迫切需要解决的问题之一。鉴于这一严峻的问题，应该增加乒乓球师资数量，使校园乒乓球运动能够顺利开展。因此需要改革教师聘用机制，促进乒乓球师资队伍补充机制的不断完善，以此来增加校园乒乓球师资数量，保证校园乒乓球活动的开展。目前运用较为广泛的扩充乒乓球师资的途径主要有以下两种：

（1）制订"乒乓球师资特设岗位计划"，对乒乓球专项人才进行优先选择并录用，使之到学校任教。

（2）整合教育部门与体育部门中现有的闲置专业资源，如体育系统闲置的乒乓球教练、退役运动员及俱乐部明星球员等专业资源，发挥这些资源的作用，采用兼职、引进等多元形式改善乒乓球师资不足的现状。

2. 提高师资质量

在发展校园乒乓球运动的过程中，需要优化乒乓球师资队伍的数量结构、年龄结构、学历结构、职称结构等，从而使乒乓球师资队伍不断壮大，专业水平不断提高。提高乒乓球师资质量的具体措施如下：

（1）推行乒乓球教师资格制度。通过对乒乓球教师资格制度的推行，可以促进乒乓球教师队伍整体素质水平的提高。具体来说，就是要对乒乓球教师或教练员进行资格考试，按照分层分级管理原则，给考核合格的教师颁发等级资格证书。乒乓球教师可以凭借资格证书担任乒乓球教师或教练。学校在对教师进行职称评定时也可以此为依据，这样能够激发乒乓球教师或教练员的工作积极性。

（2）重视乒乓球教师的继续教育培训。为了促进乒乓球各级教师指导能力的提高，需要完善乒乓球教师的继续教育培训机制。具体来说，就是要加大对已经获得相应资格证书的乒乓球教师的培训力度，已经获得等级教练员资格的教练必须参加每年定期举行的相应级别的强化培训，使其掌握科学的训练方法，及时吸收最新的信息资源，以此来提高专业素质和业务水平。

（3）加强乒乓球教师的交流学习。"请进来"是优化乒乓球师资的重要手段，"请进来"的同时也要学会抓住机会"走出去"。这里所说的"请进来"指的是定期将国内乒乓球专家、知名人士等邀请到学校中，通过开展交流研讨会和专题讲座等方式为学校乒乓球教师提供交流学习机会，促进师资质量优化。"走出去"指的是选拔优秀的乒乓球教师或教练员到乒乓球运动队或专业机构学习知识或有效的经验，并带回学校合理借鉴。

（三）加强校园乒乓球发展的舆论宣传

21 世纪是信息化时代。在新时代，传播媒介和舆论宣传是事物发展的重要支撑途径。校园乒乓球运动的发展一样也离不开舆论宣传的支持，其目的就在于通过舆论宣传使社会更多层面的大众知晓和了解校园乒乓球开展的重要性和必然性，进而使他们也能够积极地参与其中并促进校园乒乓球的普及。具体来说，校园乒乓球发展的宣传工作应从以下三方面来落实：

（1）宣传校园乒乓球核心价值体系，如发展定位、发展思路、培养理念等，使公众能够更全面地认识校园乒乓球，形成全社会积极支持校园乒乓球运动的氛围。对广大群众宣传校园乒乓球运动具有非常积极的意义，其原因在于构成校园乒乓球运动的主体正是千家万户家庭的孩子，在我国由于受传统家庭观念的影响，家长对孩子的行为有很大的影响。因此，只有通过宣传使学生、家长和学校体育管理部门等对校园乒乓球给予最大程度的认同、支持和参与，才可能更进一步地推动校园乒乓球的可持续发展。

（2）及时总结校园乒乓球发展过程中的成功经验及特色做法，并进行大范围推广，通过多种渠道广泛报道校园乒乓球发展取得的成效，发挥榜样的积极示范作用，对各地校园乒乓球的健康有序开展进行有效引导。

（3）对校园乒乓球的宣传与推广离不开现代媒体发挥作用。一定程度而言，媒体是推动校园乒乓球发展最强劲的动力。因此，应该借助多样化的现代便捷信息传播途径，如网络、电视等媒体，并结合青少年的身心特点，促进以网络媒体为核心、电视媒体和平面媒体为辅助的形式多样、点面结合的校园乒乓球宣传推广工作平台的形成，使这些媒体各展所长，对校园乒乓球进行丰富多彩、生动活泼的宣传报道。需要注意的是，对校园乒乓球运动的宣传与报道一定要力争真实，并在此基础上提高感染力。

（四）构建课内外一体化教学模式，提高学生的学习兴趣

校园乒乓球运动由课堂教学与课外活动两大部分内容所组成，为了实现校园乒乓球运动的蓬勃发展，则必须实现两大构成要素的有机融合，使之形成同向发展，产生正向合力。这就要求构建乒乓球课堂与课外有机结合的一体化教学模式，将课堂教学作为培养学生乒乓球技能、提高学生乒乓球技能素质体系的重要场所，将课外活动视为鼓励学生参与乒乓球活动、检验学生学习效果的重要途径。这不仅有助于学生乒乓球学习兴趣的长时间保持，同时更有利于学生乒乓球素质的提高。

（五）注重与社会乒乓球运动的联合，构建与完善学校与社会的乒乓球交流平台

学校在体育教学基础设施建设方面，具有社会其他领域无法比拟的巨大优势，在全面推动与普及全民健身运动的新形势下，加强与社会体育的融合已成为学校体育教学发展的重要目标之一。在校园乒乓球运动的发展中，借助全民健身的引导与推动，对学校的乒乓球运动资源加以有机整合，实现与社会乒乓球运动的联合发展，是实现校园乒乓球运动健康发展的重要基础，其原因有以下三点：

（1）加强与社会乒乓球的接触与联合，能够弥补社会乒乓球运动的资源劣势，实现学校乒乓球资源运用的最优化。

（2）随着社会乒乓球元素的引入，将促进校园乒乓球运动呈现出全新的发展态势，注入全新的活性元素，进而促进校园乒乓球运动的蓬勃发展。

（3）实现与社会乒乓球运动的联合，有助于促进学校与社会乒乓球交流平台的构建，能够为校园乒乓球教学体系的构建提供导向，进而实现学校乒乓球运动的社会价值，为推动其可持续发展打下坚实的基础。

（六）完善校园乒乓球管理体制

建立与完善校园乒乓球管理体制，需要解放思想，更新观念，摆脱传统体育观念与体制的束缚，对现阶段的校园乒乓球组织体系（以体育职能部门为主体）进行改革，突出教育行政部门的管理主体地位，建立与现阶段乒乓球发展实际相符的组织管理体系。这一体系应以政府为主导，体育部门与教育部门相互协调配合开展具体的组织与管理工作，但要以教育部门为主，即建立"政府主导、教体共管，以教为主"的组织管理体系。

首先，学校是学生的主要学习场所，管理学中强调责任、权力、利益相统一的原则。依据这一原则，教育部门理应是学校的主要管理者，而学校中的乒乓球活动也应该由教育部门主管。如此一来，校园乒乓球活动的大部分工作都应该由教育部门承担。教育部门要通过科学的制度设计，使学校、家长和学生将校园乒乓球活动真正重视起来，并通过一些有效的制度鼓励学生积极参与校园乒乓球运动。

其次，开展校园乒乓球活动需要整合教育部门与体育部门的优势资源，体育部门的资源优势主要体现在资金、技术等方面，所以校园乒乓球活动的开展需要体育部门的大力支持和全力配合。体育部门与教育部门有各自的职责，教育部门主要负责搭建平台，组织与开展校园乒乓球活动，制定相关政策和措施，采取有效的组织形式促进校园乒乓球活动的顺利开展；体育部门需要将一定的配套设施提供给学校，并以此为基础，发挥自身在资金与技术方面的优势，配合教育部门的工作，在师资培训中加强专业指导，在师资不足的情况下要做好人力支援，并挖掘有天赋的乒乓球后备人才。

最后，发展校园乒乓球运动是一项系统工程，其不单单涉及体育部门与教育部门，还涉及发展改革委、财政局等部门，这些部门要充分发挥自身的资源优势，共同为校园乒乓球运动的发展而努力。

总之，在校园乒乓球组织管理系统内部，需要将各种相互关系协调好，完善管理系统的控制和整合机制，从而促进整个管理体制的顺利落实。

第四章 乒乓球运动的产业化发展

乒乓球运动在中国一直是一项备受广大群众喜爱的热门运动，国内民众的参与度与竞技水平均处于世界领先地位，这和中国长期进行乒乓球运动的研究有着密切的联系，同时这也是中国乒乓球运动经久不衰的诀窍。国内乒乓球运动的高度发达也带动了相关产业化内容的蓬勃发展，其中最鲜明的就是这项运动已朝着商业化、职业化和市场化方向快速发展。本章就从这几个方面着手，展开分析和论述。

第一节 乒乓球运动的职业化发展

在乒乓球运动朝着高度社会化、职业化发展的今天，我国乒乓球能否拓宽国内外市场，适应市场经济发展的趋势，创建以企业为主的、投资多元化的、股份制的各级乒乓球俱乐部是职业化的关键所在。

职业化是乒乓球运动的必然发展趋势，应该在机制上实行"产权明晰、权责明确、政企分开、管理科学"的原则，建设并大力发展各级职业乒乓球俱乐部，以企业为主的投资多元化股份制形式是职业乒乓球俱乐部的理想模式。在中国乒乓球协会的宏观调控下，职业乒乓球俱乐部应当创建符合职业乒乓球俱乐部发展的组织机构与管理体制，努力为乒乓球俱乐部的发展营造良好的外部环境。与此同时，中国乒乓球协会应当进一步完善各项规章制度、转会细则，推进多级别、多层次的联赛，改进赛制，开拓市场，不断推动我国乒乓球运动职业化的进程。

本节围绕乒乓球俱乐部的发展状况、类型及体制展开深入探讨，由此来剖析中国乒乓球运动在职业化发展过程中所存在的问题及相应的对策。

一、乒乓球俱乐部的发展概况

1994 年，为了加快乒乓球改革的进程，国家体育总局乒羽管理中心决定不再实行以前的举国体制，而是提出了优秀运动员和俱乐部等多种形式并存的体制，也就是"双轨制"。该制度是中国社会渐进式改革的标志性思路。中国实行"双轨制"其实就是为了鼓励那些经济实力较为雄厚的个人或企事业单位投资注册成立乒乓球俱乐部，并逐步推广。

1995 年 12 月 10 日至 13 日，在广东顺德举办了第一届乒乓球俱乐部赛。此次比赛采用的就是"双轨制"的比赛方式，详细来讲，就是允许运动员以双重身份参与俱乐部比赛，既可代表省队、市队参加全国锦标赛、全运会等全国正式比赛，还可以代表某个企业参与比赛。也可以说，这是一次创新性的比赛方式。此外，还需注意的是，在这一次的比赛中，不管是一次性赛事的临时注册俱乐部，还是长久性的注册俱乐部均可参与比赛。在此次比赛中，参赛的共有 19 家俱乐部，男女各 12 支队伍，总参赛人员为 65 名。其中，正式注册的俱乐部只有 4 家。此次比赛结束以后，又有很多俱乐部申请加入这一项赛事中。从中我们不难看出，举办乒乓球俱乐部赛，在某种程度上推动了乒乓球俱乐部的发展。

1996 年 12 月 18 日至 21 日，在广东东莞长安镇举办了第二届乒乓球俱乐部赛。在此次比赛中，由于正式注册的俱乐部和临时注册的俱乐部一同参与比赛的公平性有待进一步商榷，对于临时一次性俱乐部组队参与比赛的情况，大赛给予了不允许的态度，这也就使得参与比赛的俱乐部仅有 4 家正式俱乐部。此次尴尬的局面，也激发了有关部门增强俱乐部改革的决心。各大俱乐部也纷纷提倡改革赛制，中国乒乓球协会与中央电视台联合推出了"CCTV 杯"中国乒乓球擂台赛。1996 年，首届中国乒乓球俱乐部超级联赛举行。1997 年，开始推行俱乐部团体主客场制。伴随着我国乒乓球市场的逐渐开发和乒乓球赛制的不断改革，中国乒乓球俱乐部开始逐渐完善起来，发展速度也越来越快。

二、乒乓球俱乐部的类型及体制

中国乒乓球俱乐部的类型多种多样，主要包括以下几种：

（一）正规的乒乓球俱乐部

正规的乒乓球俱乐部指的是在工商行政管理部门进行过规范注册的，并且拥有注册资金、法人和董事会，根据企业的方式运作与经营的俱乐部。总的来说，这是一种完全意义上的俱乐部。如今，此种类型的乒乓球俱乐部还比较少，比较具有代表性的有至善栋梁乒乓球俱乐部、山东鲁能乒乓球俱乐部和安徽朗坤乒乓球俱乐部等。

（二）联合经营的乒乓球俱乐部

联合经营的乒乓球俱乐部是由企业与体育事业单位（运动队）共同管理的，两者联合运作，以谋求共赢。其中，颇具代表性的俱乐部有四川升和药业俱乐部、上海圣雪绒俱乐部等。

（三）单纯冠名赞助的乒乓球俱乐部

单纯冠名赞助的乒乓球俱乐部是由企业或独立经营单位赞助经费，来获得乒乓球俱乐部的冠名权，实际上并不参与俱乐部的管理，对俱乐部进行完全管理的是体育事业单位（运动队）。当前此种形式的乒乓球俱乐部在乒乓球市场中的数量是最多的。

（四）民间商业乒乓球俱乐部

民间商业乒乓球俱乐部主要分布于全国各级基层行政区内。具体来说，这类乒乓球俱乐部的主要功能和作用是对少年儿童进行培养或为成年人提供打乒乓球的收费营利性场馆。除此以外，还兼营乒乓球服装、器材及其他相关产品的销售，这也是这类乒乓球俱乐部的主要功能之一。

三、乒乓球俱乐部发展中存在的问题

近年来，中国乒乓球俱乐部的发展取得了一定的成效。与此同时，也逐渐暴露出了一些问题和不足之处，主要体现在以下几个方面：

（一）管理的科学性较为欠缺

此处所讲的俱乐部管理模式主要涉及两个方面：一是俱乐部的管理模式不科学；二是对乒乓球运动员的管理方式不科学。

1. 乒乓球俱乐部的管理模式不科学

目前，部分乒乓球俱乐部所运用的管理模式相对比较落后，具体表现为教练员所负责的工作比较多，既需要对训练与运动员的培养工作负责，还需要对开发市场、联系主场、招收运动员和发放运动员工资等工作负责。这不仅会对教练员的训练工作造成一定的影响，而且还会在一定限度上对乒乓球俱乐部的科学管理工作进行限制。所以，这就要求进一步改进与完善乒乓球俱乐部的管理模式。

2. 俱乐部对乒乓球运动员的管理方式不科学

当前，我国乒羽中心对于乒乓球运动员实行的是"双轨制"的管理方式，详细来讲，就是有两个部门对运动员进行管理：一个是俱乐部企业式的管理，另一个是运动队的管理。在"双轨制"的管理方式下，运动员既可以代表俱乐部参加全国范围内俱乐部性质的比赛，还可以代表原属单位参加全国性的比赛。虽然此种方式能使各个方面的参赛利益都得到满足，但无法令人忽视的是，它也存在俱乐部的权利较弱、责任不明、利益分配不均等重要问题，这在一定限度上制约了企业在俱乐部所处的地位及发挥的作用。

（二）市场开发程度较低

在资金投入方面，乒乓球俱乐部与篮球、足球相比是比较少的，但是在市场前景与广告宣传效应方面拥有独特的优势。中国对乒乓球的改革秉持谨慎的态度，究其根本主要反映在两个方面：其一，国人对乒乓球队的较高期望；其二，"双轨制"体制的制约。具体在以下几个方面得到体现：

第一，俱乐部的投入和产出的合理性比较欠缺。

第二，产品的流通渠道不畅。

第三，回报率相对较低。

第四，运动员向俱乐部的产品及商品的转变尚未很好地完成。

第五，运动员的广告、肖像及转会产生的经济效益与俱乐部利益尚未实现真正的挂钩。

第六，没有充分表现出双赢机制。

第七，乒乓球市场运作空间相对较小。

（三）产权关系较为模糊

"壳资源"问题会对俱乐部产生极大的影响。换句话来讲就是，"壳资源"的问题在很大程度上会对乒乓球俱乐部的职业化进程起到积极的推动作用。与此同时，这也是真正独立法人俱乐部建立的必要条件。对乒乓球俱乐部的"壳资源"，中国乒羽管理中心进行了相关的规定，即乒乓球俱乐部的"壳资源"由各省、自治区、直辖市的体育主管部门对赞助商进行择优录取，实际上就是谁出的钱多俱乐部就可能归谁。从目前的状况来说，一般情况下，企业和俱乐部都是一年一签约，这其实对于长远的规划是十分不利的。

此外，中国乒羽运动管理中心还颁布了《关于中国乒乓球超级俱乐部和中国乒乓球俱乐部超级联赛若干问题的规定》。在这一文件中也对"壳资源"问题进行了相关的阐述，即将超级俱乐部组建后形成的无形资产进行了明确，另外，还就俱乐部"壳资源"的归属问题提出了相应的要求。但是，协会既当运动员又当裁判员的矛盾问题仍旧存在，所以这就需要进一步解决"壳资源"问题，从而真正推动乒乓球俱乐部的良好发展。①

（四）赛事推广与包装缺乏创新性

中国对于乒乓球运动有着极高的关注度，而且伴随着乒乓球超级联赛竞赛体系的建立，再加上诸方的不懈努力，已逐渐探索出了一些和市场接轨的有效方法，但是，若是单单依靠这些是远远不够的，在此前提下进一步地改进与完善是十分必要的。由于许多乒乓球俱乐部无法将主场确定下来，因此，这就无法将与主场经营相关的业务纳入计划中，更别提长久开展了。通常来讲，大多数的俱乐部都不注重推广俱乐部的赛事，他们认为这是没有必要的，是入不敷出的。所以，也就无法形成稳定的、具有特色的风格，如比赛主场的频繁更

---

① 张燕晓. 现代乒乓球运动多维度探究举要［M］. 北京：科学技术文献出版社，2018.

换，就极其不利于打造固定的主场观赛文化，更加不利于培养本队的球迷。不大力宣传乒乓球俱乐部的赛事，人们就无法对现场观看比赛产生深刻的认识，因而到现场观看比赛的欲望也就不会十分强烈，大多数人依然会选择通过电视来观看比赛。故而可以看出，将乒乓球运动的娱乐性质与乒乓球运动员的明星效应充分挖掘出来是极为重要且必要的。

（五）相关法律法规建设不完善

目前，有关乒乓球俱乐部的法律法规的建设不完善、法规监督体系不健全。若想建立良好的适应乒乓球俱乐部生存与发展的外部环境，就必须让法律充分发挥其作用，约束与保障乒乓球俱乐部的健康有序发展。

（六）俱乐部内部管理素质有待提高

乒乓球俱乐部的内部管理体系是确保俱乐部有效运行的关键。而若想建立科学高效的内部管理体系，这就要求管理者必须具备较高的管理能力和水平。然而近些年来，随着乒乓球运动的快速发展，市场对于乒乓球俱乐部提出了更高的要求，这也意味着乒乓球俱乐部的内部管理者要不断提升自身的素质，不断更新自身的观念，与时俱进，以保证俱乐部内部管理的科学性。否则，若是一味故步自封，就会与市场脱节，因无法满足人们的需求而被市场淘汰。

四、乒乓球俱乐部发展采取的措施

围绕中国乒乓球俱乐部发展过程中存在的问题，以及进一步推动乒乓球俱乐部的发展，在这里提出以下几项应对措施：

（一）有针对性地完善管理体制

朝着职业化的方向发展是乒乓球俱乐部的一个重要的发展趋势，因此，创建真正意义上的职业俱乐部是极为重要且十分必要的，具体应当实行以下几项措施。

第一，实行总经理负责制，总经理对董事会负责，对各职能部门和球队进行统一管理。

第二，球队的训练和比赛管理均实行总教练负责制，总教练对总经理负责。

如今，中国乒乓球协会已经开始着手以现代企业制度的要求为主要根据，对当前采用的俱乐部体制进行深入改革，相信会在不久的未来取得理想的改革效果。

（二）努力提升乒乓球俱乐部内部的管理水平

乒乓球俱乐部可持续发展的一个重要因素就是提升俱乐部管理者的素质。俱乐部可以多招收专业体育管理方面的人才作为管理者，也可以让现有的管理阶层参加体育和管理等方面的培训，更好地培养出优秀的复合型管理人才。

（三）增加市场拓展和宣传工作

保证乒乓球俱乐部可持续发展的重要途径，就是进一步拓展乒乓球俱乐部的市场，若想做到这一点，需从以下几个方面着手：

第一，必须要对我国乒乓球队的各种利益进行充分的权衡与考量，并在这一前提下对国内人才市场进行积极的开发。另外，也要注意对国际人才市场的开发，但是必须要谨慎。

第二，若是条件比较成熟，在如此良好的条件下，乒乓球俱乐部可以依据实际状况有计划、有针对性地涉足商店、旅游和房地产等经营项目，从而进一步增强自身的造血功能。

第三，要对电视转播权、比赛广告、门票和制作纪念品等和乒乓球运动相关的经营项目进行大力开发。

第四，要将国内联赛与国内外其他比赛的时间协调好，从而使俱乐部赛的持续发展获得有力保证。

（四）加强俱乐部的相关法律建设

当前，中国的乒乓球俱乐部职业化还处于探索发展阶段，因此，需要建立与完善相关的法律法规体系，形成约束保障机制。针对目前乒乓球俱乐部有待解决的问题，需要制定一些关键性的法律法规，完善乒乓球市场的法治秩序，完善职业联赛的法规，做到有法可依、有章可循。

（五）加大制度建设的力度

俱乐部采用的制度有很多，要加大制度建设的力度，就需要从各个方面着手，进行全方面的建设。

第一，采用岗位竞争的用人机制。

第二，采用处于核心地位的聘任制与合同制。

第三，建立以成绩为核心、收入靠业绩的分配机制。

第四，建立全面的监督约束机制。

第五，量化考核标准，进行科学评价，采用奖罚分明的激励机制。

第六，采用以提升队伍整体水平、对重点队员的培养比较重视、实行科学训练与分管制为主要内容的训练机制。

（六）关注俱乐部文化建设

俱乐部所肩负的职责非常多，既要对运动员的训练负责，还要增强运动员的集体主义与爱国主义教育，重点培养运动员为国争光的精神与勇气，从而不断提高队伍的凝聚力。建立俱乐部赛制，使得教练员与运动员的经济条件得到了改善，但无法否认的是，这也产生了一些负面效应，这些负面效应会在一定程度上制约甚至阻碍俱乐部的发展。所以，这就要求俱乐部加强文化建设，积极帮助教练员与运动员调整心态，为正确抵御市场的种种冲击提供帮助。

第二节　乒乓球运动的商业化发展

以乒乓球运动为中心衍生出很多与其相关的商业活动，并提供了各种相关的产品与服务。这些产品与服务使得人们不管是参与还是欣赏乒乓球运动，均会产生一种更舒适、更精致的感觉。应当说，乒乓球运动的商业化，是该项运动发展到一定阶段的重要标志与必然产物。国际乒乓球联合会首席执行官史蒂夫·丹顿曾提到，乒乓球运动要生存和发展，就必须要融入更多的商业元素。他认为，乒乓球运动商业化已经对乒乓球运动带来了积极的影响。"在中国、日本和德国等乒乓球大国，商业化在乒乓球运动中的重要性不断上升。""这一趋势对于乒乓球运动的有利因素是，很多人都多多少少打过乒乓球，每个人都了解这项运动。如果能够全面推向市场，对于这项运动和国际乒乓球联合会来说，潜力是难以估量的"。

一、乒乓球运动产品的发展综述

1904 年，上海一家文具店的经理王道平在日本购买了一批乒乓球器材，并在国内对乒乓球运动进行普及与推广。但以当时人民的生活水平与历史背景，只有少数人才能够接触到此项新运动。因此，当时中国既没有意愿也没有能力生产与乒乓球运动相关的产品，此种状况一直持续到中华人民共和国成立以前。在中华人民共和国成立以后，陆续出现了一些乒乓球器材生产厂，其中颇具代表性的有广州"文联"、青岛"流星"、上海"顺风"等。

20 世纪 50 年代，日本人发明了海绵。到了 1959 年，曾担任日本乒协副主席的施尾板弘又发明了反胶，在此基础上，日本乒乓球队创造了弧圈球打法。当时，因国际乒乓球联合会的规则还不健全。因此，所生产的胶皮颗粒长短和海绵厚度均未统一，并且形状也是各种各样。虽然当时制作的乒乓球产品都较为粗糙，但依然为此项运动的发展打下了一定的基础。

1959 年，容国团在联邦德国多特蒙德举行的第 25 届世乒赛中荣获男单冠军，为中国夺得世界体育比赛中第一个世界冠军，国人为之振奋。1961 年，第 26 届世乒赛在北京举行，当时党与国家领导人均对此极为重视。此次锦标赛包含纪念品在内的全部的设备与器材均是由红双喜器材公司提供。由此，打响了"红双喜"这个品牌。

20 世纪 60 年代，傅其芳等从国外带回了一些知名的乒乓球常用器材（主要是胶皮），如日本的蝴蝶和亚萨卡等。但是，由于带回来的器材比较少，所以只能优先供给李富荣、徐寅生、庄则栋等当时国家队一线主力人员使用。在这种较差的经济物质状况下，因当时国际乒乓球联合会在胶皮方面尚未制定严格的规定，所以通常一线队员使用后的胶皮并不会被丢弃，而是将之留给二线队员继续使用。需要注意的是，在 20 世纪 60 年代，中国乒乓球界元老张燮林发明了驰名中外的长胶，并凭借自身独特的打法多次获得世界冠军。在退役以后，他还为乒乓球运动产品的发展做出了重要的贡献，主要体现在引进国外器材方面。

1972 年，天津橡胶研究所成功研发出"729"反胶，当时的年产量约为 5 万张。由于当时中国对外交往并不频繁，国内乒乓球运动员参与国际竞赛的机会也比较少，因此，这就导致我国对日本人的弧圈球技术和欧洲的防弧胶皮并不十分了解。而"729"反胶的成功研发，既为改进乒乓球运动产品打下了坚实的基础，又极大地促进了中国乒乓球技术的进步。①

20 世纪 80 年代初期，国内已然掀起改革开放的大潮，但是我国乒乓球运动员在应对弧圈球方面，仍未有较好的办法。基于此，中国开始尝试着将引进乒乓球器材当作突破口，特别是引进国外的胶皮，其中，斯帝卡系列是主要引进目标。1985 年，担任 STIGA 公司副总裁的托马斯和中国队签约，以商业运作的方式为中国队提供底板，这就是后来的"阿瓦拉"，当时这个商标是由中国体育服务公司注册的，品牌归中国所有。随后，中国体育服务公司解散，此品牌转由天津正大集团接管。

到了 20 世纪 80 年代中期之后，我国开始涌进大批外国品牌，这对于中国乒乓球器材，特别是胶皮与底板的发展具有积极的推动作用。如今，我国的胶皮与底板已经达到世界先进水平，特别是底板的精确度甚至已超过国外的产品。但有些地方仍需要进一步加强，如在海绵质量方面，国内仍处于积极探索阶段，与日本的先进技术相比，国产海绵的"发泡"技术还存在较大的差距。

目前，国内乒乓球器材的生产厂家主要为红双喜、双鱼、许绍发等。中国是一个拥有庞大人口数量的国家，因而在乒乓球运动上有着雄厚的群众基础，是国际方面公认的乒乓球最大消费市场。根据不完全统计，国内已经注册的生产厂家总数量已达 100 多家，各厂家以降低价格的方式来提高产品的市场占有率，这使得行业的利润空间变得极小，对中国乒乓球器材行业的发展起到了一定的阻碍作用。此外，与国际知名品牌相比，中国的器材在广告推广、品牌包装等方面也亟待提升，特别是在底板上，虽然质量相差不大，但由于没有品牌化及名牌优势，较之国外品牌而言，我国底板的市场占有率是极低的。当前，在世界乒乓球的底板中，最著名的直板是瑞典的 SHGA，日本的蝴蝶则是最负

① 张燕晓. 现代乒乓球运动多维度探究举要［M］. 北京：科学技术文献出版社，2018.

盛名的横板，这两个品牌在国际乒乓球市场上占据着大半市场。虽然我国在名牌效应与底板方面，还有着较大的问题，但在我国的器材中，球与球台则是十分出名的，并获得了国际的认可，在国内市场上有着绝对的优势，在世界乒乓球市场上也拥有一席之地。在第45届、第46届、第47届世乒赛中，中国的双鱼和红双喜球台都被选为比赛球台，红双喜的"彩虹"系列更是获得了国际乒乓球联合会与广大教练员、运动员的一致称赞。

从以上我国乒乓球运动产品的发展情况来看，目前中国自主创新、自主研发的品牌还比较少，很大一部分品牌均是从国外引进来的，或是与他国合作研发的。如今，要求中国的器材生产厂家必须相互团结起来，向着品牌化、集团化的方向发展，研制出高质量、高标准的国产器材，进而获得民众的信任，缓解当前国内出现的盲目跟风国外品牌的现象。此外，还需大力支持民族工业的发展，为中国的乒乓球运动器材在国际上获得一席之位做出一定的贡献，并为中国器材市场创造出良好的发展形势。

二、乒乓球运动产品业内部存在的问题

立足于当前我国乒乓球运动产品的发展状况，我们不难看出，其产品业内部还存在诸多问题，可将之概括为以下三个方面：

（一）社会责任感有待加强

乒乓球运动器材及其相关产品的发展已经历了价格和品质竞争等不同的阶段。如今，已进入劳工标准竞争的时代，所以若想获得鲜明的竞争优势，就需要合理安排工作条件，进而构建和谐的劳资关系。乒乓球运动产品属于劳动密集型的体育用品业，良好的社会责任感对于乒乓球运动产品的发展具有积极的促进作用。因此，必须要重视社会责任感的增强和发展，进而牢牢掌握主动权。

（二）创新意识不够高

从目前的状况来看，我国的乒乓球运动产品并未通过自主创新而形成自己的特色，依然处于"模仿"、来料加工或出卖资源获得较低利润的阶段，这也就使得中国生产的大多数产品都未反映出本国特色，只是盲目地跟随国际知名品牌。造成此现象的最大因素就在于缺乏创新意识，无法较好地自主创新、自主研发具有自身特色的新产品，致使国内市场上只有较少的一部分自主研发的产品，这是制约中国乒乓球运动产品发展的主要原因，应当引起人们的广泛关注。

（三）品牌建设的基础较差

中国乒乓球在产品生产方面开始的较晚，投资于乒乓球产品研发上的资金也比较少，这就导致品牌建设的基础相对较差，阻碍和限制了乒乓球运动产品的建设和发展。由此我们可以得出，导致品牌建设基础较差的重要原因就是没有科学认识与了解品牌建设、资金不足、起步较晚等。此外，虽然中国自主研发的如双鱼、红双喜等品牌在国内甚至是在世界上都具有一定的影响和地位，但与国际上乒乓球产品制造大国相比，中国产品的影响力还十分有限，这有限的影响力所表现出来的直接反映就是连国内的乒乓球运动爱好者和运动员们都不将自己国家的产品当作第一选择。通过调查发现，绝大多数的运动员几乎都会将瑞典的斯蒂卡或日本的蝴蝶当作第一选择，只有少数人会选择729、红双喜等品牌。品牌价值的不认同，即使是在盲打测试中国产品和进口产品并未有较大差异的情况下，当表明品牌之后，人们依然会选择进口品牌。近年来，这一现象才有所好转，以729和红双喜为代表的国产乒乓球厂家已在品牌推广与技术方面有了较大的改进，人们也越发关注国产乒乓品牌的崛起，并积极尝试进行革新，取得了良好的效果。在此种形势下，国内其他一些乒乓球品牌如郗恩庭、拍里奥、世奥德等也开始在市场中占据一席之地。可见，若想改变当前国产乒乓球品牌竞争力低的现象，使品牌变得家喻户晓、深入人心，就需要不断增强产品的质量，同时还要加大宣传的力度，从而使国产乒乓球产品真正获得广大消费者的信赖。

三、乒乓球运动产品业可持续发展的对策

对于乒乓球运动产品业的发展情况及出现的问题，应根据实际条件，提出一些有针对性且有益于乒乓球运动产品发展的对策，再按照具体需要进行选择。

（一）培养新型的发展意识

人作为发展的主体，在其发展过程中一直居于主导地位，发展是为人服务的，其最终目的是使人民幸福安康。可持续发展涵盖的内容比较多，其中，最主要的是社会和经济方面的问题，只有整个社会共同参与，才能确保发展的可持续性。乒乓球产品的可持续发展，是对传统生产方式与消费方式的革新和转变。此外，还要重视培养人们的健康意识与环境意识，用可持续消费的思想改变和指导人们的生活方式，从而进一步加强人们的可持续发展意识。

（二）将人才培养和科技创新有机结合起来

影响乒乓球运动产品发展的因素有很多，其中，最主要的两个因素是科技与人才。

乒乓球运动产品的发展强调创新科技。目前，自主知识产权在乒乓球运动产品发展中居于绝对地位，因此，创建自己的研发中心和产品质量检验中心就成了未来乒乓球运动产品持续发展的一个关键环节，这对于促进乒乓球运动产品的不断升级换代具有积极的影响。此外，推动企业发展的重要手段，还涉及通过增强企业管理素质与塑造企业文化，充分发挥出人的能力与潜力，进而积极调动企业职工的积极性与主动性。

乒乓球运动产品的发展还要重视培养专业人才，有效加强管理的质量。决定着社会发展的力量是生产力，而人则是生产力中最活跃的因素。这就要求培养一批不但熟悉体育还熟悉经济与管理的专业人才，进而推动乒乓球运动产品的生产与销售不断向前发展。加强管理水平，以消费者的具体情况为主要依据，开拓市场，将生产、销售与使用三个环节有机结合起来，不断研发出对乒乓球运动发展具有积极推动作用的高新产品。

（三）充分发挥行业与协会的协作价值

若想实现对乒乓球产品的健康持续发展产生积极的推动作用的目的，就必须做到以下几点：

第一，要进一步提高为企业服务的思想意识与手段，充分发挥政府和企业之间的纽带作用，对于体制改革具有积极作用，且有利于加强政策引导的力度。

第二，增强行业信息的收集工作和数据的统计整理，将国内外的最新动态及时传递给相关企业，从而为行业的发展和决策提供一定的信息支持。

第三，充分发挥各专业委员会的指导作用，增强行业自治，以有效避免无序竞争的现象。

第四，进一步完善产品的质量标准、安全标准和推广企业社会责任标准，促使各项标准尽快和世界接轨。

第五，充分发挥"体博会"的品牌效应，为企业建立良好的平台，对新产品开发具有积极的促进作用。

第六，积极促进国内外乒乓球运动产品业间的交流，提高乒乓球运动产品企业的合作与竞争，对经济资源优化组合起到积极的推动作用，使行业与企业的经济效益获得有效提升。

第七，对乒乓球运动产品的发展战略具有积极的推动作用，使得企业的国际竞争力得到有效提高。

第三节　乒乓球运动的市场化发展

随着人民生活水平的提高和健身观念的进步，民间的乒乓球运动已由室外转向了室内，从分散性的随机活动发展为拥有专业指导能力的场馆健身方式，其有着明显的休闲与健身功能。笔者从乒乓球赛事方面入手，对其市场开发的背景和历程及赛事发展所采取的措施进行探讨与研究。

一、乒乓球赛事市场开发的背景分析

20 世纪 80 年代初，我国乒乓球国家队总体上处于低潮期，尤其是男队更是陷入低谷。出现此种情况，很大一部分原因是我国乒乓球在技术打法上缺乏创新，技术特点几乎已经被外国选手摸透，并且尚未找到好的解决办法来应对国外弧圈球。基于此种情况，中国乒乓球协会提出了"开发国内市场"的口

号。中国乒乓球赛事市场开发由此开始进行。这也为开发我国乒乓球市场的潜力、开始中国乒乓球的市场运作提供了政策的保证与支持。

二、乒乓球赛事市场开发的历程

对于中国乒乓球赛事市场开发历程的分析，具体可从中国乒乓球俱乐部联赛、乒乓球擂台赛和商业性赛事三个方面着手。

（一）中国乒乓球俱乐部联赛

1. "红双喜杯"中国乒乓球俱乐部联赛

1998 年，我国乒乓球史上发生了一件大事，"红双喜"中国乒乓球俱乐部联赛的举行，这标志着我国的乒乓球开始走上了职业化的道路。

2. "阿尔卡特杯"中国乒乓球俱乐部联赛

1999 年，阿尔卡特公司冠名的中国乒乓球俱乐部联赛的举行，在一定程度上促进了中国乒乓球运动赛事的发展。

3. "鲁能杯"中国乒乓球超级联赛

从 2000 年至今，山东鲁能集团一直为中国乒乓球超级联赛提供赞助。此外，还将小西杏、佩尔森、波尔、朱世赫等世界级运动员吸引进来，为中国乒乓球运动的发展做出了巨大的贡献。同时，这也是中国乒乓球俱乐部联赛走向世界的重要标志。

（二）乒乓球擂台赛

乒乓球擂台赛包括多种具体的比赛，其中，较为重要的主要有以下几项赛事：

1. 世界冠军挑战赛

1995 年，世界冠军挑战赛以绍发公司的名义先后在我国大连、大庆、厦门和福州举办了四场擂台赛。当时邀请参加的重要人物有瑞典著名乒乓球运动员米凯尔·阿佩伊伦、简·诺瓦·瓦尔德内尔等。可以说，这是乒乓球商业比赛在中国的首次尝试，中国观众对此有着非常好的评价。这也标志着中国乒乓球市场开发已经迈出了第一步。

2. "CCTV 杯"擂台赛

1996 年，"CCTV 杯"乒乓球擂台赛首场比赛在北京大学打响，目的在于开拓乒乓球市场。从此之后每周举办一场，再到后来开始有厂家陆续为这一项赛事提供赞助。此时乒乓球运动赛事发展仍处于摸索阶段，市场的完善程度相对比较低。经过一年的时间，虽然经济收益不是十分明显，但却成功开启了乒乓球运动竞赛市场，并且积累了一定的经验，这就为进一步开发乒乓球市场创造了条件。

3. 爱立信擂台赛

1997 年，爱立信公司以 600 万元人民币对擂台赛进行了冠名，全年总共举办了 23 场比赛。随后，爱立信公司又分别为 1998 年和 1999 年的乒乓球擂台赛提供了赞助，并获得了成功。于是在每周六的下午，许多观众都会聚到电视机前观看精彩的乒乓球擂台赛。由此不难看出，乒乓球市场的运作得到了顺利发展。

4. 长城汽车国际擂台赛

在 2000~2001 年，长城汽车国际乒乓球擂台赛举行得十分火热，备受广大观众的欢迎。

5. U17 国际青少年擂台赛

2002 年，在河南省焦作市举办 U17 国际青少年乒乓球擂台赛，此项赛事进一步扩大了乒乓球在青少年中的影响，既培养出了一批优秀的青少年选手，还对国际乒乓球运动的发展产生了积极的推动作用。当前，我国杰出乒乓球选手丁宁、日本选手福原爱都曾经参与过此项赛事。

(三) 商业性赛事

早在 20 世纪 80 年代，中国就曾经多次组织运动员参与国内外的商业性比赛。1999 年，北京三鼎体育有限责任公司成立，该公司的主要宗旨为开拓中国乒乓球的市场，并在青少年中积极推广乒乓球运动。时任三鼎体育用品公司董事长兼总经理的许绍发先生（中国乒乓球协会器材行业委员会秘书长）在这一工作中做出了极为重要的贡献。

2004 年，通过和湖南卫视达成协议，中国乒协和国际乒乓球联合会联合承办了"国球大典"乒乓球运动的推广活动。"国球大典"是湖南卫视创办的融娱乐性、观赏性、商业性为一体的乒乓球年末大赛，其意在为观众献上一场乒乓球的视觉盛宴。由于国际乒乓球联合会曾有过推广比赛的经验，所以他们承办的这次活动十分成功。目前，此项推广性赛事已经成为国际乒坛"世界总冠军赛"，并且成为国际乒乓球联合会重要的 A 级赛事。

2008 年，"国球大典"依然由全民选拔赛、乒乓嘉年华活动与世界乒乓球总冠军赛散打主题活动组成。需要注意的是，在全民选拔赛中，主办方将乒乓海选的理念进一步创新，提出了"乒乓有天才"民间选拔乒乓好手的构想，并且将民间选拔打造成了无门槛的乒乓才艺秀。

2014 年，"相约苏州世乒赛·李宁红双喜杯"乒乓球协会会员联赛在贵州省遵义市开展，总共设置了 19 站分站赛与一站总决赛，分别在国内 20 个省、自治区和直辖市举办。总决赛的地点设在 2015 年世乒赛举办城市——苏州，此种办赛方式十分契合"全民共享世乒赛"的口号。

2017 年，"丝路杯"中国东盟乒乓球赛于 12 月 11 日至 14 日在广西壮族自治区百色靖西市举行。此项赛事由中国乒乓球协会、广西壮族自治区体育局和百色市人民政府联合主办，旨在响应国家"一带一路"重大倡议，发挥广西和东盟国家陆海相邻的独特优势，积极搭建中国和东盟 10 国文化交流的平台，通过乒乓球运动推动参赛国家之间的相互理解、凝聚共识与深化合作。

三、乒乓球赛事发展采取的措施

目前，竞技表演业的市场化发展力度进一步加大，比赛的项目与形式也日益丰富起来，这些均是完善体育赛事的要求，所以，若想使乒乓球运动赛事获得更好的发展，就必须与以上发展趋势相适应，从而将乒乓球运动打造成融合观赏性、竞技性和娱乐性于一体的发展型运动项目。详细来讲，可以运用的发展对策主要包括以下几个方面：

第一，建立健全乒乓球赛事市场运行机制，积极地积累和吸取各个项目的发展经验，从而不断提升赛事市场运营机制的管理水平。与此同时，还要重视对奖惩、分配、转会等机制的学习和运作的进一步增强。

第二，要解决好竞技体育国家目的的社会效益与专业运动队、俱乐部体制的经济效益相统一的问题，这会对乒乓球运动赛事的发展带来极为重要的影响。

第三，要进一步提升乒乓球赛事过程中的竞赛表演质量，要在确保电视转播解说的前提下，尝试进行现场解说，从而尽量做到将乒乓球运动技术透明化，如此可使业余爱好者更清楚明了地在现场观看比赛。

第四，进一步加强乒乓球赛事的传播力度。作为一种社会文化活动，体育运动和传播有着天然的联系，这是必然的。因此，每一项体育运动的开展，均和"广播"这一媒介有着无法分割的紧密联系，通过此媒介可对乒乓球赛事稳定、平衡和持续的发展产生积极的促进作用。

总而言之，我国乒乓球赛事的发展脚步不会停滞，今后的发展方向也势必会朝着更加规模化、完备化、商业化、娱乐化、市场化、职业化、社会化等方向全面发展，我国的乒乓球运动也必将会在 21 世纪取得更加辉煌的成就。

第五章　乒乓球运动文化的多元化发展

在中国没有哪项运动能像乒乓球一样在世界体坛不断创造奇迹，不断揽金夺银，为中国体育在世界舞台树起一面又一面辉煌的旗帜。因此，乒乓球运动文化的多元化发展也受到人们的重视，本章将针对乒乓球运动文化在我国的传播以及娱乐化、竞技化发展进行分析。

第一节　乒乓球运动文化在我国的传播

一、乒乓文化在我国的人际传播

作为人类最常见、最重要、最直接、最复杂的社会行为之一，人类社会的诞生和发展、文明的孕育与传承、生产生活的维系与运转等在很大程度上都依靠着人际传播。乒乓球的萌芽与发展，首先就是建立在自我传播的基础上，其表现形式则以人际传播为多。在现代中国，乒乓球已经深入中国社会，产生了广泛的社会影响。无论是对抗性的乒乓球单打还是需要配合的双打，无论是与教练的场下交流还是人际互动的全民健身，无论是亲人朋友之间的乒乓球游戏，还是拜师学艺、各地交流，抑或是乒乓球文化展览，服务员的详细介绍，乒乓球的人际传播在诸多方面都得以表现。从乒乓球在现代中国的具体实践中我们可以看到，在乒乓球文化的全部过程中几乎都有人际传播相伴随，可以说乒乓球传播其外显性的最直接体现就在于它的人际传播。乒乓球运动的人际传播在于反馈信息及时，互动频繁，最大的优点就是通过手把手的言传身教，很容易把独门技术传授下去，中国乒乓球运动的发展，靠的就是技术上的不断创新和发展，不断充实和完善着乒乓球运动的各方面技战术。人际传播尤其对初学者来说，他们首先的途径主要通过人际传播而达到技术上的认识，但人际传播的弱点也显而易见，相对来讲比较封闭，人际交流整体的面难以扩大，而且进展缓慢。

人际传播是人们完成乒乓球运动并使乒乓球技术日臻纯熟的内在需求，同时也是人们了解乒乓球历史和文化的一种有效途径。非正式的人际交流是人们提高运动技巧、获得乒乓球文化教育、获取一切相关信息的最有效的信息传播方式。就目前而言，虽然各种现代化的电子媒介已经十分发达，但是就乒乓球技术方面，运动员在进行训练中，教练员、队友、朋友、亲人之间等人际化的交流仍是其技术水平提高最有效的方式。乒乓球人际传播是一种较普遍的、较常见的人际传播活动，通过这种形式，传播者可以有效地向他人展现自我、在他人的反应中认识自我，以人际互动中的信息来消除自我评估的不确定性。与此同时，频繁地与他人进行的人际接触有利于了解他人进而加深对社会的了解。乒乓球爱好者通过球艺交流，了解彼此的优势和缺点，同时进一步加深了对自身与他们的一种深度认识。人与人之间的亲身传播也是一种真正的心灵的交往，个人能够摆脱精神上的孤独感，使心情得到愉悦，使精神状态得以提升，也构成了心理压力释放的渠道之一，这种交往能够满足人的深层次的精神和心理需求。这也是为什么众多的乒乓球爱好者经常奔波，不辞辛苦，到处交流，拜师学艺的原因之一。

人际传播作为一种乒乓球文化传播的形态，在当代依然非常重要，并且也会在相当长的时间一直存续下去，当然，随着乒乓球爱好者和群众活动人数的增多，单一的人际传播方式显然不能满足乒乓球与时俱进传播的要求。

二、乒乓文化在我国的群体传播

群体的形成对于社会而言具有重要的意义，它既是人们生活的单位，又是社会的基本结构。群体作为社会的中观系统而将个人与社会联结起来。群体还通过一些特殊意义与规范产生了群体中的文化共识，这些意识又成为了联系群体认同的纽带。

在体育传播中，无论是在大众乒乓球运动还是专业队层面上的乒乓球竞技，经常在一起打乒乓球的人群往往构成了一个初级群体，这个乒乓球群体的维系则以乒乓球运动过程中的传播为根本，因此乒乓球群体存在的过程也就是传播的过程。乒乓球群体是一个较为特殊的群体，这一群体又分为乒乓球活动群体、乒乓球受众群体、乒乓球组织群体和乒乓球教育群体等。对于这四个主要群体而言，又有其各自的特点和群体规范。乒乓球运动群体因体育而将其成员集合起来，我国乒乓球运动群体在现代有着较为广泛的范围，有国家队、各省市专业队，也有大中小学的乒乓球队，也有各行业各单位不同的乒乓球运动队伍，各自目标有着鲜明的区别，国家队是尽可能获得更多的荣誉，夺取优胜，而中小学的乒乓球运动群体的目标就是为校争光，提升学校影响力等，而工厂企业的乒乓球运动群体的目标有的是提升他们企业形象，目前，我国国家队有一线、二线梯队，每个省市几乎都有乒乓球专业队，大的学校和企业也有乒乓球队伍。他们的目标呈现多样化。当然这些目标都受到有形的乒乓球规则的限制，群体成员在一定时期内相对比较固定，如国家队一线、二线队伍的编制基本固定在一个数目范围，实行淘汰优选的方法。这些群体成员彼此间在乒乓球运动方面的了解程度较深（如对每个队员的技术特点、战术运用习惯、个性性格、机能状况、运动情绪、发挥表现状态，等等）。在此基础上，群体成员在训练场和赛场上通过彼此间的相互作用而逐渐形成了特定的传播习惯、传播方式、判断准则、行动规范等，这些因素的潜移默化和不断巩固则形成了特有的群体规范，这些规范在一定程度上增加了群体的凝聚力和处理不确定情况的效率。2010 年 5 月 25 日，在莫斯科举行的第 50 届团体世乒赛，著名乒乓球教练员姚国治做客 CCTV-5 对比赛进行了点评。他说，很多队员相比单打项目更倾向于打团体，他解释说："单打比赛是孤军作战，压力大，而团体代表国家征战，有一个荣誉感在里面，老将新人一起奋战，大家相互鼓励，相对来讲压力更小一些。"乒乓球受众群体稍显复杂，他们可能是在乒乓球竞技赛场临时结成的小群体，也可能是没有组织较为松散的球迷协会，还有可能是分布极广的通过乒乓球运动形成的媒介受众等，前两者更容易形成群体规范，而后者则有着多变复杂的情况。乒乓球组织群体是体育比赛的组织者形成的群体，所以这种群体不同于组织，而更多的是建立在人际传播基础上的非组织性的隐形群体。乒乓球的组织繁多，级别和组织水平也存在很大的差异，这种群体的成员因特定的群体意识和群体认同而持续群体的状态，在处理乒乓球突发以及对情况的判断上有着相近性，如对规则的理解，对运动员资格认定，对组织比赛的把握和达到何种组织标准，他们在其内部形成了一定的群体规范，新加入群体的成员能够在为人处世中逐渐感受到并趋同于这样的规范，从而摆脱个人的孤立而融入传播。乒乓球教育群体，在我国现在最常见的就是乒乓球运动学校或大学，如我国唯一的中国乒乓球学院，著名的中国乒协乒乓球运动学校，上海曹艳华乒乓球学校，保定乒乓球学校，等等，当然还有很多省市的体育运动职业技术学院，这些亦文亦武，读书修炼，当然，在很多师范类高校也有乒乓球系或乒乓球专业，他们是正规而又高级的乒乓球教育群体，进入这些学校学习的，一部分人就是练习乒乓球技战术，一部分人接受的教育就是如何做培养人的教师，另一种就是专业教练。对乒乓球来讲，乒乓球文化群体传播方式，也是通过大中小学的普及，来达到乒乓球文化传播的广度与深度。

三、乒乓文化在我国的组织传播

组织在现代社会中扮演着越发重要的角色，甚至社会组织化的程度已经成为现代社会发达程度的标志之一。随着社会的不断向前发展，现代乒乓球运动的组织化日益完善和分化。我们已经看到，当今中国各种各样不同形式的乒乓球组织分布于各地，对乒乓球运动的开展和乒乓球文化在我国的传播发挥着相当重要的作用。乒乓球组织的建立健全过程就是我国对乒乓球文化认可的一个发展过程，也是对乒乓球功能与形式的开掘与发展过程，在这一过程中传播以一种渗透式的状态发挥着极其巨大的作用，使得体育组织内部、体育组织之间以及体育组织与媒介的关系形成一种既潜在又显在的传播关系。乒乓球的组织传播是基于乒乓球组织所进行的信息传播活动,这种活动的开展以乒乓球的组织目标的达成和组织功能的实现为核心,乒乓球组织成员以此为基点在成员之间和乒乓球组织与外环境之间进行信息传播以协调组织关系,服务于乒乓球组织的存在和发展。乒乓球组织传播的立足点在于乒乓球组织的形式及其内部成员,传播的方式集合了人内传播、人际传播、群体传播以及通过媒介进行的内部信息交流。这样的交流能够在最大程度上使乒乓球组织的结构得以激活,并通过乒乓球组织对成员的集合扩大效应而实现乒乓球的组织目标。乒乓球组织传播的可信性与其组织的权威性密切相关。

在 1949 年前的整个乒乓球引入的这个时期,中国一直没有参加过乒乓球的世界比赛。1936 年 2 月,国际乒乓球联合会诚邀中国加入为会员国,但是当时我国受困于内战的阴影等其他原因,未能加入国际乒乓球联合会,一直引为憾事。直到 1949 年后,党和政府非常重视体育工作,1952 年中华全国体育总会乒乓球部加入国际乒乓球联合会,随后成立了国家乒乓球队。1953 年,中国第一次派代表队参加第 20 届世乒赛,世界乒坛第一次出现中国人的身影。1955 年中国乒乓球协会成立,协会下设六个专项委员会:竞赛委员会、教练委员会、器材委员会、少年委员会、科研委员会、新闻委员会。

1959 年,在第 25 届世乒赛男子单打比赛中我国运动员容国团一举夺冠,这是中国有史以来的第一个世界冠军,在中国的体育事业具有丰碑作用,容国团夺冠消息传来,极大地振奋了民族精神,国民举国欢庆,在国际上产生了较大的影响,也使中国政府看到可以通过体育来提升国际政治地位的途径。于是,以国家乒乓球队为龙头,各省市专业队为后备,各区县及以下成立业余体校,强大的群众后备力量以及专业的训练体制和全运会竞赛体制,充分发挥中央与地方的积极性,系统训练。中国的乒乓运动已成为建设社会主义的一项主要任务和工作,是中国体育事业中的重要一环,乃至在世界体育事业中也占据着重要地位。随着社会经济体制的转轨、体育战略的调整以及世界乒乓球运动职业化、商业化的发展,1994 年 3 月 31 日,国家体委乒乓球运动管理中心在北京成立,它是中国乒协专职管理的职能部门和组织结构。其目的是统一管理和协调全国乒乓球界的一切工作,也是乒协逐渐迈向实体化发展的第一步和具体实践的开始。同时省市级以下的乒乓球管理中心或乒乓球协会也宣告先后成立。实现了乒乓球管理的重大变革。1995年乒乓球协会开始实行俱乐部赛制。在1998年首次推行了主客场制，我国乒乓球俱乐部分为以下几种形式：①体委与企业联办，以体委为主；②体委与某一企业合作经营，以企业为主，体委协办形式；③企业独办形式；④事业单位办形式；⑤体委办形式。

中国的体育政策为举国体制，以国家资源为保障，以国家体育总局为中心的管理体制，专业运动队的训练体制，全运会为中心的竞赛体制三位一体的管理体制。所以我国的乒乓球组织，在专业队方面主要就是国家队、省市专业队、各区县等少体校为庞大的基层组织。中国乒乓球协会负责协调一切乒乓球界工作，各省市及区县以下都有相应的乒乓球组织或协会，负责组织与开展群众性的乒乓球工作。不论在高校还是中小学都有相应的乒乓球组织结构，大的企业和行业都有完备的组织，都定期或有规律的组织开展比赛。

乒乓球在中国的组织传播从根本上来说，是国家主体也即举国体制，通过"自上而下"的行政手段和各种力量，整合全国资源来推动发展的，"为国争光""为祖国荣誉而战"的价值取向，国家和民族利益是最根本的出发点和落脚点。

四、乒乓文化在我国的大众媒介传播

大众传播是一种公共传播，它通常通过专业化的媒介组织，运用现代化的传播媒介，如杂志、报纸、广告、电视、网络、电影、DVD、网络、博客等等。大众传播特征有：①依赖于各种不同的媒介传播信息；②大众传播所传递的信息对社会和大众都是一种公开性的，不同受众可以采取不同的方式获取，受众难以确定；③大众传播的信息与受众的互动性有限，单向传递的居多；④现代科技的发展，使大众信息传播的速度、广度和深度都不断拓展；⑤大众传播的内容已经由之前的专业传播机构或个人变为受众和传播者。

大众传播媒介之一的报纸是乒乓球大众传播一种重要的传播方式，它比较便宜，普通人很容易获得，报刊的保密性也比较强，有些有用的信息可以保存许久，远比广播、电视时效性强，受众随时可以翻看，还有报刊的选择性比较

强，读者可以随意翻看一些有用的信息；广播在现代中国电视还没大量出现时也是一种最为广泛的传播方式，它声情并茂，时效性强，影响面广，它的渗透力也大，不受时空限制，不受观众文化水平限制；电视是目前乒乓球大众媒体传播非常重要的方式，它的现场感强，形象真实可行度高，也具有很强的说服力、感染力，时效性强，电视运用电子技术传送声音和图像，兼容多种空间艺术和时间艺术之所长，通过电子编辑手段对各门类艺术进行再加工、再创造，具有灵活性和综合性。电视新闻不同于报纸新闻、广播新闻。作为平面印刷媒体的报纸以解释和分析新闻事件见长。以电波为载体的广播新闻以迅速性、即时性见长。电视新闻的优势在于报道新闻事件时图像与声音的同时传输。它不仅有广播新闻的迅速性、即时性，更重要的是电视新闻是通过图像传达出来逼真的现场画面、是报纸新闻和广播新闻不可比拟的。电视新闻中，特别是在体育传播报道的过程中、来自新闻现场栩栩如生的画面带来的传播效果比记者用一大堆的形容词要更加直接、更加生动。电视实现了人类"千里眼""顺风耳"的梦想，给了他们一个"亲眼看、亲耳听"的机会。卫星电视使世界生成了一个村落，在很大程度上实现了麦克卢汉的"地球村"构想，人们可以实现信息即时共享，对周围发生的重大事件形成全球性的关注。对于乒乓球比赛而言，人物的形象、动作和语言，整个现场的环境都能第一时间看到和感受到，这些报纸、广播都无法比拟。①

我国乒乓球文化主动利用大众传播方式的历史从乒乓球传入时就已经开始了。各类报纸杂志对乒乓球报道很多。1965 年 4 月 26 日当天就有《人民日报》发表社论《欢呼我国乒乓健儿的卓越成就》，《解放军报》发表《更高地举起毛泽东思想的红旗，像我国乒乓球队那样活学活用辩证法》，《工人日报》发表《向为祖国争得荣誉的乒乓球健儿致敬》，《祖国青年报》发表社论《高举毛泽东思想旗帜胜利前进的榜样》，《光明日报》发表社论《为我国乒乓健儿空前大捷欢呼》，还有《体育报》《北京日报》《大公报》《解放日报》《文汇报》等我国重要的报纸都作了相应的报道。这些报纸对乒乓球的传播内容

---

① 张天羽，周文龙. 乒乓球文化发展与运动教学研究［M］. 长春：吉林人民出版社，2021.

为赛事报道最多,其次是乒乓球的历史,从 1959 年、1961 年、1963 年笔者统计了《体育报》对世界乒乓球锦标赛传播内容(见图 5-1)可以看出传播的不同比例情况。

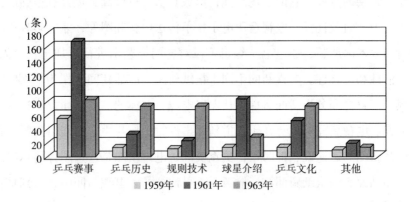

图 5-1 《体育报》对乒乓球世界锦标赛新闻传播内容数量

目前我国的乒乓球专业单项杂志《乒乓世界》于 1981 年在中国体育报业总社的领导和帮助下创刊和出版,这是我国唯一的乒乓球专项杂志,它其实脱胎于我国历史上第一份单项运动杂志:由上海中国乒乓研究会编写的《乒乓世界》。《乒乓世界》的内容主要涉及乒乓球人物、赛事、技术、器材和群众性活动。

在乒乓球电视媒介方面,适逢奥运会乒乓球比赛,或乒乓球锦标赛、世界杯、国内的超级联赛等重要赛事,中央电视台 CCTV-5 都给予了专门报道,各地方电视台也适时转播,一些电台和广播也通过他们的平台及时发布消息,电视促进了乒乓球文化的传播。

网络目前在我国已经成为乒乓球文化传播最全面最丰富的媒介,目前中国乒协网站主要包括乒乓快讯、协会介绍、赛事档案、经典藏品、明星风采、大事记、国际乒联、乒乓杂志、乒乓课堂等主要的链接内容。由北京三鼎体联网络科技有限公司创建的中国乒乓网全方位地、多层次地介绍各种大型乒乓球赛事、同时配合赛事在网上推出各种互动性的活动并提供网络销售、网络广告和网站建设等服务。作为网站资方之一的北京三鼎体育有限责任公司是国内著名的乒乓球赛事公告推广商。随着互联网的影响逐步扩大，三鼎公司富有远见地将赛事推广的手段延伸到网络上来。中国乒乓网丰富了赛事宣传的手段，更好地促进了乒乓球赛事的推广。同时，中国乒乓网还将把网络的优势应用到体育技术的指导、咨询、服务以及器材的销售中去。①

《乒乓世界》杂志还有官方网，具体包括了中国乒乓球协会的介绍、资讯（包括官方公告、独家报道、器材天地、博乒精华、技术交流、粉丝阵营等）、有奖评刊、发行网络、精彩视频还有网络版的《乒乓世界》，可以提供部分在线下载和观看，以及论坛。关于乒乓球的网站还有小鱼儿乒乓世界、球迷王国、精英乒乓网等。

传播媒体的广泛介入，特别是电视、网络等不同的传播媒体采取各种各样的传播方式来提高传播的效果，从而赢得了大众，也对乒乓球文化的宣传起到了巨大的推动作用。

第二节 乒乓球运动的娱乐化发展

一、乒乓球运动文化娱乐性的形成

体育的娱乐化是体育真正大众化、普及化的必经之路，体育与娱乐融合所带来的趣味，与其激烈的竞技成分一样，都是吸引观众眼球的要素。乒乓球起源于英国，是一种男女老少皆宜的体育运动方式，经过一个多世纪的发展演变，乒乓球运动已成为人人都能参与的竞技运动。乒乓球运动最早作为餐后娱乐休闲的一种生活方式，与音乐舞蹈等一样是充当社会交际、健身等的一种生活方式，经过一百多年的演变与发展，已经融入大众之中，到处都能找得到乒

---

① 王大中，蔡猛.乒乓球文化·技术与传播［M］.北京：广播电影学院出版社，2004.

乒球的身影。

由于乒乓球运动项目的特征，不受身体素质的限制，不受年龄、性别和天气等的限制，有着广泛的活动人群，随着一些社会大众对竞技的弱化，甚至乒乓球运动还成为如同滑板一样成为一项引领时尚的运动，其作为大众文化娱乐的特点愈显突出。无论国际乒乓球联合会还是世界各国乒协，都推出了乒乓球发展计划，众多不同形式和风格的业余乒乓球比赛风起云涌，形成了乒乓球运动大众化的画卷和文化景观。

人们通过体育娱乐活动既可以满足其有机体活动的本能需求，在身体活动中获得快感，同时又能使个体在这种娱乐方式中与社会的其他个体愉快地交往，并在其中尝试人类智能对自然界物资、能量和信息的转化成果，品味个中乐趣。因此，体育娱乐活动是人类特有的一种娱乐方式，它源于人类作为自然物对有机体运动的冲动，但又为人类的社会性所改造。特别是在社会工业化和自动化发展的今天，人类体力劳动的减轻和社会紧张因素的增强，以及社会闲暇时间的日趋增多，更多的人开始面临如何打发和消磨由于技术改造和社会进步而获得的越来越多的闲暇时间问题，这些需求和问题导致了满足和解决方式的寻觅，人们企图从各种各样的社会活动中，寻求那种既能使机体得以适当的运动，又能使精神获得松弛，同时还能有益地打发闲暇时间的多功能活动方式，于是体育娱乐活动便顺其自然地被社会的发展推至人们社会生活的舞台前沿，成为人们满足其自身需求的必要手段和方式。

乒乓球起源人们的娱乐需求，当初就是为寻求一种新的娱乐方式来满足人们的一种情感体验而产生，人们不仅可以通过乒乓球文化的竞赛表演，抑或是乒乓球历史产物和乒乓球艺术品的观赏而达到满足自身的需要。如果过去人们对乒乓球文化的娱乐活动的认识是处于一种朦胧的状态，目前，由于人们对乒乓球文化娱乐活动的需求日益加强，使认识程度也从无意识状态上升到有意识追求的境地，在中国或其他国家，乒乓球已经成为一种新兴的文化娱乐方式。

二、乒乓球运动竞赛表演层面的娱乐性

乒乓球运动的娱乐性表现在其竞赛表演市场的发展，乒乓球是我国的国球，群众基础好，拥有众多乒乓球运动爱好者和球迷，如果能建立与社会主义市场经济相适应的体育管理体制与运行机制，对于促进我国乒乓球竞赛表演市场的发展与繁荣，甚至整个乒乓球运动的发展都具有重要意义。借鉴美国男子职业篮球联赛（NBA）成功经营模式，我国的乒乓球竞赛表演市场必须采取切实可行的策略，以体现乒乓球运动竞赛表演层面的娱乐性。

第一，改革管理体制，明晰产权关系。根据美国的 NBA 的经验，我国乒乓球竞赛表演市场的供给主体也就是职业俱乐部在确定投资者所有权的基础上，要进一步明晰联赛的所有权、经营权、收益权等产权关系，自主经营，自负盈亏，自我发展。按照政企分开、政事分开，企业和事业分开，营利性与非营利性分开的原则，加快推进适宜产业化的单项运动协会法人实体化的步伐，理顺管理体制，健全内部组织机构，实行法人治理结构。俱乐部内部建立科学民主的政策机构，符合现代企业制度，使决策结果符合各方利益。

第二，寻求战略合作伙伴，强化自我造血功能。没有赞助商的支持，乒乓球竞赛表演市场就没有办法活跃与繁荣；同时，乒乓球竞赛表演受到人们的关注程度越高，赞助商也会越来越多，投入也会越来越大。发行体育彩票筹措资金特别是乒乓球项目的体育彩票的发行有待进一步研究。成立专门从事赞助事务的职能部门，同时体育中介组织可以把赞助的代理和开发作为自己的业务，提供赛事的举办方案和宣传设计。鼓励越来越多的非公有制企业成为赞助的主体，引导不同行业的企业和个人投资乒乓球竞赛表演市场，特别是采取切实可行的办法引导民营企业投资。要从政策上予以扶持，提供更多的方便，维护赞助商的权益。

第三，提高比赛的质量，丰富比赛的内容形式。乒乓球是球类运动中运转速度最快的项目，其特点是球小速度快。其精彩程度和观赏性就没有集体项目的足球篮球甚至排球那么扣人心弦，所以在比赛的内容形式上应该独具匠心。要吸引观众，需要的是水平高超的运动员和精彩的表演，但这还不够，一场比赛需要持续不断地刺激观众。例如，在世界对中国乒乓球对抗赛中，比赛的真正高潮是作为分项活动的中国民间队挑战世界明星队让分对抗赛，这种"嘉年华"式的竞赛，更加受到大家的喜爱，也更加体现了乒乓球的娱乐性。因此，在高水平的比赛过程中，可以借鉴 NBA 的方式，穿插舞蹈、抽奖和免费送出活动，或者有机会与球星合影，以此丰富乒乓球表演的娱乐性。[①]

第四，加强与媒体的合作，扩大宣传力度。随着社会经济水平的不断提高和传播技术的迅猛发展，现代电视传媒对社会文化和个人的影响力正变得日益强大。电视媒体、报纸杂志使 NBA 已经进入全世界的各个角落，它的影响力可以说是很大的。因此，乒乓球表演可以加大宣传工作，在电视媒体上的高投入在一定时期内肯定会带来高的收益。

第五，对乒乓球竞赛表演市场所需专门人才进行培养，完善组织结构。乒乓球表演市场是一个专业性很强的技术密集型市场，对专业人才的数量，尤其是质量的要求很高。市场的经营和管理需要一批既有体育专业知识，又有管理能力的人才。对竞赛表演市场所提供产品的形象塑造、规范俱乐部名称、建立长期的营销策略都需要专门人才。

第六，注重对海外高水平运动员的加盟，加强国际合作。我国的乒乓球表演市场要真正实行全方位、宽领域、多层次的对外开放，就要加强与国外各职业俱乐部之间的合作与交流。外援的引进不仅吸引观众，增加比赛的看点，同时也可以提高俱乐部的知名度，起到的作用是多方面的。

三、全民健身与乒乓球运动的审美娱乐性

在体育运动项目中，中国人最熟悉、最热爱的是被称为中国"国球"的乒乓球运动。在第 25 届世界乒乓球锦标赛上，容国团为中国人夺得第一个世界冠军后，极大地激发了中国人的民族自豪感，推动了全国乒乓球运动的蓬勃发展，掀起了全国性的"乒乓热"。乒乓球运动深入民心，形成了极好的社会氛围，正因为有了深厚的全民基础，中国乒乓球队才能在数十年的时间里长盛不衰。

随着中国乒乓球队在各种国际性重大赛事上的连连获胜，国内各种乒乓球联赛的蓬勃开展，乒乓球运动成为中国人心目中最普及、最喜欢的娱乐性运动

① 张天羽，周文龙. 乒乓球文化发展与运动教学研究［M］. 长春：吉林人民出版社，2021.

之一，人们在乒乓球运动中有种社会认同的共同价值取向，这在社会生活中，特别是在青年人中最易形成一种"偶像化"的社会心理倾向，真正有较大的群体向心力的当代公共活动主要是体育运动。这不仅发生于中国，也是世界性的共同现象。推行全民健身运动正是要充分利用这种文化和审美上的影响力。娱乐性很强的乒乓球运动具有技术上和球类运动的魅力。乒乓球运动诞生的那种游戏性及普及性特点已决定了它在群众健身运动生活中的基础地位。乒乓球运动在多数情况下，是一对一的对抗。由于乒乓球的球体小而轻，在比赛中球速快、旋转变化多，这就使得乒乓球运动产生了丰富的技术和打法，使得这项运动充满了魅力。

另外，乒乓球运动是双方隔着球台进行运动，各种技战术的发挥全由自我调整完成，使得个人的想法和意图在运动中得以充分实现。在乒乓球运动发展的过程中，其运动技术的发展经历了多个阶段的变迁，使乒乓球运动进入了以科学化的训练，产生出高水平的球技、战术的境界。最初的乒乓球运动是削球打法占据主流地位，打法简单而单调，然后是日本人的中远台长抽打法称雄于世界乒坛，到了20世纪60年代，随着中国乒乓球队的崛起，中国运动员以更加快速的直拍近台快攻打法震撼了世界乒坛。随着欧洲乒乓球运动的复兴，欧洲运动员把中国的近台快攻和日本的弧圈球技术相结合，发明的横拍快攻结合弧圈球技术把旋转和速度紧密地结合起来，使得乒乓球技术又达到了一个新的水平。

虽然乒乓球运动在发展过程中仍有起伏，仍需不断地实践和探索，但整个乒乓球运动的发展无疑是朝着美好的方向发展，因为它将更讲究层次，更讲究组合、更讲究变化、更讲究艺术化的技巧和智慧化的独创。这种美的追求和美的趋势，可通过乒乓球运动竞赛规则的修订表现出来，乒乓球竞赛规则的更新和修订是随着技术发展和丰富而进行的，乒乓球运动的丰富多彩带给人们美的享受，规则的修改正是适应了这种变化，为了限制比赛时间，有了轮换发球法，为了避免运动员猜谜似的猜测使用两面不同性能胶皮的对方运动员是用哪一面击球，取消了两面相同颜色而不同性能的球拍。当前，随着乒乓球运动的迅猛发展，乒乓球竞赛规则发生了很大变化，乒乓球从直径38毫米改为40毫米，使乒乓球的速度和旋转明显降低。在比赛中，观众们喜欢观看的回合球明显多了起来。比赛因此变得更紧张、更激烈、更精彩，比赛的胜负也变得更具偶然性。无遮挡发球使得发球的威力减弱，直接吃发球和因接发球失误而被对方一板打死的场面有所减少，乒乓球运动变得更加注重相持球技术的研究，反撕、反拉以及中远台的对拉弧圈球技术不断完善。乒乓球运动的观赏性和娱乐性被充分地拓展了，乒乓球运动便是在这种规则不断的修改和变化中变得更具魅力，其审美娱乐性也随之发扬。

第三节　乒乓球运动的竞技化发展

一、乒乓球比赛裁判方法

（一）乒乓球比赛的场地与器材

比赛空间应为长不少于 14 米、宽不少于 7 米、高不少于 5 米的空间。比赛区域应由 75 厘米高的同一深色的挡板围起，以与相邻的比赛区域及观众隔开。乒乓球比赛器材具体如下：

（1）球台。球台的上层表面叫作比赛台面，应为与水平面平行的长方形，长 2.74 米，宽 1.525 米，离地面高 76 厘米，不包括球台台面的垂直侧面。比赛台面为均匀的暗色，无光泽，具有一致的弹性，即当标准球从离台面 30 厘米高处落至台面时，弹起高度应约 23 厘米。比赛台面由一个与台面端线平行的垂直球网划分为两个相等的台区，沿 2.74 米的边线边缘及 1.525 米长的端线边缘应有一条 2 厘米宽的白线。双打比赛中各台区应由一条 3 毫米宽的白色中线，划分为两个相等"半区"，中线应视为右半区的一部分。

（2）球网装置。球网装置包括球网、悬网绳、网柱及将它们固定在球台上的夹钳部分。球网的顶端距离比赛台面 15.25 厘米，网柱外沿离开边线外沿的距离为 15.25 厘米。整个球网的底边尽量贴近比赛台面，其两端应尽量贴近网柱。

（3）球。球为圆球体，直径为40毫米，重2.7克，球应用赛璐珞或类似的塑料制成，白色或橙色，无光泽。

（4）球拍。球拍的合法性可参考国际乒乓球联合会规程的有关规定。球拍的大小、形状和重量不限，但底板应平整、坚硬。

底板至少应有85%的天然木料。加强底板的黏合层可用诸如碳纤维或压缩纸等纤维材料，每层黏合层不超过底板总厚度的7.5%或0.35毫米。用来击球的拍面应用一层颗粒向外的普通颗粒胶覆盖，连同黏合剂，厚度不超过2毫米；或用颗粒向内或向外的海绵胶覆盖，连同黏合剂，厚度不超过4毫米。普通颗粒胶是一层无泡沫的天然橡胶或合成橡胶，其颗粒必须以每平方厘米不少于10颗，不多于50颗的平均密度分布在球拍的整个表面。海绵胶即在一层泡沫橡胶上覆盖一层普通颗粒胶，普通颗粒胶的厚度不超过2毫米。覆盖物应覆盖整个拍面，但不得超过其边缘。靠近拍柄部分以及手指执握部分可不予以覆盖，也可用任何材料覆盖。底板中的任何夹层以及用来击球一面的任何覆盖物及黏合层应为厚度均匀的一个整体。球拍两面不论是否有覆盖物，必须无光泽，且一面为鲜红色；另一面为黑色。

由于意外的损害、磨损或褪色，造成拍面的整体性和颜色上的一致性出现轻微的差异，只要未明显改变拍面的性能，均允许使用。比赛开始时及比赛过程中运动员需要更换球拍时，必须向对方和裁判员展示他将要使用的球拍，并允许他们检查。

（二）乒乓球比赛规则

1. 乒乓球比赛的主要规则

（1）"回合"：球处于比赛状态的一段时间。

（2）"球处于比赛状态"：从发球时球被有意向上抛起前静止在不执拍手掌上的最后一瞬间开始，直到该回合被判得分或重发球。

（3）"重发球"：不予判分的回合。

（4）"一分"：判分的回合。

（5）"执拍手"：正握着球拍的手。

（6）"不执拍手"：未握着球拍的手。

（7）"不执拍手臂"：不执拍手的手臂。

（8）"击球"：用握在手中的球拍或执拍手手腕以下部分触球。

（9）"阻挡"：对方击球后，在比赛台面上方或向比赛台面方向运动的球，尚未触及本方台区，即触及本方运动员或其穿或戴（带）的任何物品，即为阻挡。

（10）"发球员"：在一个回合中首先击球的运动员。

（11）"接发球员"：在一个回合中第二个击球的运动员。

（12）"裁判员"：被指定管理一场比赛的人。

（13）"副裁判员"：被指定在某些方面协助裁判员工作的人。

（14）运动员"穿或戴（带）"的任何物品，包括他在一个回合开始时穿或戴（带）的任何物品，但不包括比赛用球。

（15）越过或绕过球网装置：除从球网和比赛台面之间通过及从球网和网架之间通过的情况外，球均应视作已"越过或绕过"球网装置。

（16）球台的"端线"，包括端线两端的无限延长线。

2. 乒乓球比赛的其他规则

（1）发球的主要规则。

1）发球开始时，球自然地置于不持拍手的手掌上，手掌张开，保持静止。

2）发球员须用手将球几乎垂直地向上抛起，不得使球旋转，并使球在离开不执拍手的手掌之后上升不少于16厘米，球下降到被击出前不能碰到任何物体。

3）当球从抛起的最高点下降时，发球员方可击球，使球首先触及本方台区，然后越过或绕过球网装置，再触及接发球员的台区。在双打中，球应先后触及发球员和接发球员的右半区。

4）从发球开始，到球被击出，球要始终在比赛台面的水平面以上和发球员的端线以外；而且从接发球方看，球不能被发球员或其双打同伴的身体或他们所穿或戴（带）的任何物品挡住。

5）球一旦被抛起，发球员的不执拍手臂应立即从球和球网之间的空间移开。球和球网之间的空间由球和球网及其向上的延伸来界定。

6）运动员发球时，有责任让裁判员或副裁判员确信他的发球符合规则的要求，且裁判员和副裁判员均可判定发球不合法。如果裁判员或副裁判员对发球合法性不确定，在一场比赛中第一次出现时，可以中断比赛并警告发球方。但此后如该运动员或其双打同伴的发球不是明显合法，将被判发球违例。

7）运动员因身体伤病而不能严格遵守合法发球的某些规定时，可由裁判员做出决定免于执行。

（2）还击的主要规则。对方发球或还击后，本方运动员必须击球，使球直接越过或绕过球网装置，或触及球网装置后，再触及对方台区。

（3）击球次序规则。

1）在单打中，首先由发球员发球，再由接发球员还击，然后两者交替还击。

2）在双打中，首先由发球员发球，再由接发球员还击；然后由发球员的同伴还击，再由接发球员的同伴还击，此后，运动员按此次序轮流还击。

3）在两名由于身体伤残而坐轮椅的运动员配对进行的双打中，发球员应先发球，接发球员应还击，此后可由任何一名运动员还击。然而，运动员轮椅的任何部分不能超出球台中线的假定延长线。如果超越，裁判员将判对方得1分。

（4）重发球的规则。

1）回合出现下列情况应判重发球：①发球员发出的球，在越过或绕过球网装置时，触及球网装置，此后成为合法发球或被接发球员或其同伴阻挡。②接发球员或接发球方未准备好，球已发出，而且接发球员或接发球方没有企图击球。③由于发生了运动员无法控制的干扰，运动员未能成功发球、还击或遵守规则。④裁判员或副裁判员暂停比赛。⑤由于身体残疾而坐轮椅的运动员在接发球时，发球员进行合法发球后，球出现三种情况：第一，在触及接发球方的台区后，朝着球网方向运行；第二，球停在接发球员的台区上；第三，在单打中，球在触及接发球员的台区后，从其任意一条边线离开球台。

2）可以在下列情况下暂停比赛：①由于要纠正发球、接发球次序或方位错误；②由于要实行轮换发球法；③由于警告或处罚运动员；④由于比赛环境受到干扰，以致该回合结果有可能受到影响。

（5）得1分的规则。

除被判重发球的回合，下列情况运动员得1分：

1）对方运动员未能正确发球。

2）对方运动员未能正确还击。

3）运动员在发球和还击后，对方运动员在击球前，球触及了除球网装置以外的任何东西。

4）对方击球后，球没有触及本方台区而越过本方台区或端线。

5）对方阻挡。

6）对方故意连续两次击球。

7）对方用不符合球拍规定条款的拍面击球。

8）对方运动员或运动员穿或戴（带）的任何东西使球台移动。

9）对方运动员或运动员穿或戴（带）的任何东西触及球网装置。

10）对方运动员不执拍手触及比赛台面。

11）双打时，对方运动员击球次序错误。

12）执行轮换发球法时，如果接发球方进行了13次合法还击，则判接发球方得1分。

13）双打运动员或双打配对由于身体残疾而坐轮椅：①对方击球时，其大腿后部未能和轮椅或坐垫保持最低限度的接触；②对方击球前，其任意一只手触及比赛台面；③比赛中对方的脚垫或脚触及地面。

14）身体残疾而坐轮椅的运动员在双打中，发球员先发球，接发球员还击，此后任何一名运动员均可还击，然而，运动员轮椅的任何部分不能超越球台中线的假定延长线。如果超越，裁判员将判对方得1分。

（6）一局比赛与一场比赛的规则。

在一局比赛中，先得11分的一方为胜方。10局后，先多得2分的一方为胜方。一场比赛由奇数局组成。

（7）发球、接发球和方位的次序规则。

1）选择发球、接发球和方位的权力应由抽签来决定。中签者可以选择先发球或先接发球，或选择先在某一方位。

2）当一方运动员选择了先发球或先接发球，或选择了先在某一方位后；另一方运动员必须有另一个选择。

3）在获得每2分之后，接发球方即成为发球方，以此类推，直至该局比赛结束，或者直至双方比分都达到10分或实行轮换发球法。这时，发球和接发球次序仍然不变，但每人只轮发1分球。

4）一局中，首先发球的一方，在该场下一局应首先接发球。

5）一局中，在某一方位比赛的一方，在该场下一局应换到另一方位。在决胜局中，一方先得5分时，双方应交换方位。

（8）发球、接发球次序和方位的错误规则。

1）裁判员一旦发现发球、接发球次序错误，应立即暂停比赛，并按该场比赛开始时确立的次序，按场上比分由应该发球或接发球的运动员发球或接球；在双打中，则按发现错误时那一局中首先有发球权的一方所确立的次序进行纠正，继续比赛。

2）裁判员一旦发现运动员应交换方位而未交换时，应立即暂停比赛，并按该场比赛开始时确立的次序，按场上比分对运动员应站的正确方位进行纠正，再继续比赛。

3）在任何情况下，发现错误之前的所有得分均有效。

（9）轮换发球的规则。

1）除一局比赛比分已到达至少18分不实行轮换发球法外，一局比赛进行到10分钟或在任何时间应双方运动员或配对的要求，应实行轮换发球法。

2）如果一局比赛比分已达到至少18分，将不实行轮换发球法。

3）实行轮换发球法的时间到时，球处于比赛状态，裁判员应立即暂停比赛，由被暂停回合的发球员发球，继续比赛；如果实行轮换发球法时，球未处于比赛状态，应由前一回合的接发球员发球，继续比赛。

4）此后，每位运动员都轮发 1 分球，直至该局结束。如果接发球方进行了 13 次还击，则判接发球方得 1 分。

5）实行轮换发球法不能更改该场比赛中按正常顺序所确定的发球和接发球次序。

6）轮换发球法一经实行，将一直执行到该场比赛结束。

（三）乒乓球比赛的裁判方法

1. 裁判员临场管理的内容

裁判员是一场比赛的组织者，必须根据规则和规程对一场比赛实行全面的管理。

（1）比赛双方得失分的管理。比赛双方得失分的管理即对比赛胜负机制的管理，这是一场比赛最基本的管理，必须在准确地认定比赛事实的基础上，公正地对每一个回合做出及时的判决。

（2）对比赛器材的管理。对比赛器材的管理包括比赛球台、球网、球和球拍等。其中，球台、球网和球的质量规格及球台的布局在赛前已由裁判长检查认定，但仍需裁判员实施下列管理：

1）在该场比赛开始前。第一，检查球台、球网的安置及球的牌号，确保其符合规定；第二，检查运动员的球拍，发现有不合规定的则要求运动员更换；第三，要求运动员选定 2~3 个双方都能接受的比赛用球，当双方意见不一致而使比赛不能进行时，由裁判员任意决定一个比赛用球。

2）在该场比赛进行中。第一，维持比赛球台、球网的安置始终符合规定；第二，防止运动员擅自更换比赛用球和球拍。在不能实现上述管理目标时应立即报告裁判长。

（3）对比赛条件的管理。对比赛条件的管理包括比赛场地、灯光、挡板、计分器、队名牌或人名牌等。尽管赛前也已由裁判长检查认定，但仍需要裁判员在该场比赛开始前再行检查，并在比赛进行中维持这些比赛条件的标准和规范，一旦发现问题即应在职责允许的力所能及的范围内及时处理，解决不了的应立即报告裁判长。

（4）对运动员比赛服装的管理。第一，比赛服的式样，一般应是短袖运动衫、短裤或短裙、短袜和运动鞋；第二，比赛服的颜色，可以是任何颜色，但短袖运动衫、短裤或短裙的主要颜色应与比赛用球的颜色明显不同，短袖运动衫的袖子和领子及沿服装接缝的装饰物和边缘上的装饰物除外；第三，比赛服上的运动员号码或字样、徽章、标记、广告及装饰物必须符合规定；第四，团体赛同队运动员或同一协会运动员组成的双打配对，服装款式和颜色应一致，鞋袜除外；第五，比赛双方运动员应穿着颜色明显不同的运动衫。当裁判员对运动员的比赛服装是否合乎规定有怀疑时，或在上列某项要求不能实现且在裁判员已经通知运动员更换比赛服装而运动员拒绝更换的情况下，应立即报告裁判长。

（5）对比赛时间的管理。除法定的间歇以外，要保证全场比赛连续进行。第一，一场比赛的局与局之间，可允许运动员有不超过两分钟的休息时间；第二，考比伦杯赛制中，可允许需要连场比赛的运动员在连场比赛之间有最多 5 分钟的休息时间；第三，每局比赛中，允许运动员在每打完 6 分球后或决胜局交换方位时用短暂的时间擦汗；第四，运动员在比赛中损坏了球拍，应立即替换随身带来的另一块球拍或场外递进的球拍；第五，在替换破球或损坏的球拍以后，可允许运动员练习少数几个回合，然后继续比赛；第六，运动员因意外事件而暂时丧失比赛能力并要求紧急中断时，应立即报告裁判长；第七，除非裁判长允许，运动员在一场比赛中应留在赛区或赛区内附近，在局与局之间的法定休息时间内，裁判员应监督运动员留在赛区周围 3 米以内的地方。

（6）对场外指导的管理。裁判员应按下列要求防止非法的场外指导影响比赛的公正性：第一，团体比赛中运动员可接受任何人的场外指导，但单项比赛中运动员只能接受在该比赛开始前向裁判员指明的一位指导者的指导，否则即应令其远离赛区。第二，一场比赛中除局与局之间的休息时间或经批准的中断时间以外的时间，任何人不得向运动员提供场外指导；对第一次违反此规定者应予警告（出示黄牌），对警告后再次违反者则应令其远离赛区（出示红牌），如其拒绝离开，则应立即报告裁判长。

（7）对运动员行为作风的管理。第一，应督促运动员克制那些可能不公平的影响对手、冒犯观众或影响本项运动声誉的不良作风或行为表现。第二，如该场比赛中运动员在赛区内的行为表现不符合上述要求时，若属初犯，则应予以警告（出示黄牌）；如警告后首次再犯，可判其对方得1分（同时出示红黄牌）；第二次再犯，可判其对方得2分（同时出示红黄牌）；此后再犯或一场比赛中的任何时候出现严重冒犯行为（包括未通知裁判员和对方即行更换球拍），即应报告裁判长。

（8）对比赛运行机制的管理。对比赛运行机制的管理包括团体赛双方运动员的出场顺序，一场比赛开始时发球、接发球和方位的选择，比赛中发球、接发球和方位的交换以及击球次序、轮换发球法等方面的管理，要求按规则予以控制和调节。

（9）对比赛技术文书的管理。第一，团体赛前根据秩序册核对双方填写的排名表；第二，赛前和赛中记分表的填写；第三，赛后记分表的填写、签名和分发、上交。

（10）对观众的管理。对观众的管理也是一种无形的间接管理，要求在组织比赛并保证比赛正常进行的过程中，把观众的注意力吸引到比赛上，促使形成激励运动员顽强拼搏、有利于比赛各方充分发挥技术和战术水平的良好氛围。

2. 裁判员判分应注意的事项

临场工作是乒乓球裁判员最主要、最基本的一项工作。临场裁判是一门艺术，实践性很强，实际上就是临场处理问题、解决矛盾的艺术。

（1）认真履行裁判员的基本职责，解决事实与认识的矛盾。裁判员作为一场比赛的组织者，基本职责是确认一场比赛中发生的一切事实问题并根据规则做出判定。作为裁判员的临场判决，首要的是看清事实，因为事实是判决的依据。看清了事实但规则执行错了，这属于认识问题，是可以纠正的。倘若看不清事实或看的不是事实（错觉），那就没有判定的依据了，这会给比赛带来相当严重的后果。

（2）确定最后决定权，解决执行与报告的矛盾。乒乓球比赛规则授予各类裁判人员在各自的职责范围内享有最后决定权，比如当场比赛的裁判员对比赛中发生的一切事实问题有最后决定权，裁判长对有关比赛规则和规程问题的解释有最后决定权。责任裁判员在自己职权范围内所做的决定是不可更改的决定，与之合作的另一裁判员乃至裁判长都不能更改。由此可见，规则给了裁判员很大的权限，同时也赋予其很大的责任。

（3）合理分配临场注意力，解决集中与分散的矛盾。乒乓球很小，在比赛中运动速度快，特别表现在球的来回快、旋转快、旋转变化快，而且球的运动状况反响也很小，所以，对裁判员注意力的要求相当高。一个优秀裁判员必须眼观六路、耳听八方，使注意力合理分配，以兼顾到全场情况。所以，在处理注意力集中与分散这一对矛盾时，我们强调集中与分散相结合，以集中为主。

（4）临场裁判员判分的处理，解决快与慢的矛盾。乒乓球运动快的特点，要求裁判员对比赛情况的处理也相应要快。由此，首先要求乒乓球裁判员的反应要快，判断要快，在结果还未出来时就能预感并做出判断，这样问题就好处理了，纠纷也可以减少。但是是否越快处理越好的问题需要考虑，如出现外界球进入赛区的干扰情况，正处于一方有可能得分之际，就不应该立即叫"停"。当球处于比赛状态与非比赛状态之间的中间状态时，这里就有个快与慢的矛盾，我们强调乒乓球裁判员的临场反应和处理快慢结合，以快为主。

（5）临场执法的一致性，解决正确与错误的矛盾。主裁和副裁要保持执行规则的尺度一致。如果执行规则对比赛双方不一致，那就只有两种结果，一种是"正确+错误"；另一种是"错误+错误"，结果都有错误。所以，尺度的不一致，往往是许多裁判临场中出现问题的根源。

（6）对发球犯规的处理，解决判与不判的矛盾。现在临场裁判突出的问题是发球规则执行得不好，原因主要在于裁判员思想认识上的偏差而造成心理上有障碍，担心判了引起矛盾。实质上，发球犯规只是一个纯技术性的错误，即未能以合法的动作发球，而并不是运动员品质的错误，不要把它看作是一个严重的问题而不敢判。

（7）临场执法的公开性，解决场上与场下的矛盾。严格而言，裁判员与运动员之间不能有赛场之外的接触，不要主动和运动员交谈，裁判的工作应该在场上做，而不应在场下做，在赛前或赛后去提醒运动员是错误的，即使在比赛中根据规则和规程精神对运动员进行非正式警告性的提醒时，有话要说也要当着双方的面讲，不能只对一方单独讲，以免引起不必要的怀疑。

（8）赛场局面的控制能力，处理好解决"问题"与制造"问题"的矛盾。作为裁判员，要培养和锻炼善于控制赛场局面的能力。有些裁判员因为欠缺控制赛场局面的能力，往往出现过分认真，使比赛难以进行；言辞不当，将矛盾扩大；欲掩盖矛盾却得不偿失；不善于处理问题；过于分析利害关系而影响规则尺度；不能妥善处理好场上人与人之间的关系，包括教练员和运动员。

（9）怎样处理和由谁处理，解决比赛中人与人之间的法定关系和职责权限的矛盾。现行规则中，裁判长及其指定的代理人（副裁判长）、裁判员和副裁判员、计数员等，都有各自的职责权限，各自都在职责范围内行使管辖权，而在管辖权范围内所做的决定是不能申诉的。实际上比赛中人与人之间的法定关系就是管辖权与申诉权的关系。在管辖权内有最后决定权，所做的决定谁也不能更改和申诉，但可以提意见。裁判长可以撤换裁判员，但不能改变裁判员就事实所做的决定。

二、乒乓球比赛的组织与编排

乒乓球比赛的组织与编排能力培养，对大学生学习和掌握其他球类项目的比赛工作具有普遍参考价值，是大学生今后胜任组织管理体育赛事工作所必备的知识和能力。

（一）乒乓球比赛的组织与管理

1. 乒乓球比赛的组织程序

组织比赛活动可根据规模大小，由相应的单位发起。规模小的比赛，一般由主办单位指定少数人负责组织。规模大的比赛需要成立筹备委员会。正规的比赛通常会成立组织委员会，设正副主任，下设秘书处（负责会务、宣传、保卫、医务等方面的工作）、比赛处（负责裁判、场地等比赛方面的工作）及仲裁委员会（负责比赛期间执行比赛规则比赛中发生的纠纷等）。一般基层比赛只设比赛组和秘书组。比赛组负责报名、编排秩序册、聘请裁判员、准备比赛场地等工作；秘书组负责寻求广告赞助、宣传教育、组织观众、发通知文件等工作。

组织一次比赛要经过以下程序：

（1）制定比赛规程。比赛规程是比赛的依据。一般由比赛主办单位根据组织比赛的目的、任务、时间和场地情况拟定。在比赛前，尽早地将规程发给参赛单位，以便各单位有充分时间做准备工作。

（2）接受报名。报名表是组织编排工作的重要依据。负责组织编排者应认真接受报名。

（3）安排练习场地。运动员报到后，为了适应场地，需要进行练习。大会组织者要科学地、合理地安排练习场地。

（4）抽签。根据参加比赛的队或运动员数量，按比赛规程的规定，科学合理地决定比赛的分组和对手。

（5）编排比赛日程。按抽签结果安排场地、时间。

（6）印发秩序册。编排比赛秩序后，要尽快印发秩序册，发给各代表队和有关部门，使大家能了解比赛秩序，及时准备与安排。

（7）成绩登记。比赛进行中应认真检查比赛记录，并迅速公布比赛成绩，以保证比赛顺利进行。

（8）节目单和成绩公报。①节目单：及时公布某一天或某一场的比赛对手。②成绩公报：及时公布当日或当节的比赛成绩，使与会者互通情报。

（9）印发成绩册。汇总成绩，应包括全部比赛成绩。

（10）资料归档。将有关比赛的所有文件存档，使它成为总结工作的依据，为以后组织比赛做参考。比赛的组织编排中每项工作都是紧密相连，一环扣一环的。根据比赛规模的大小、人力配备等情况，可以抓住重点工作，以保证比赛顺利进行。

2. 乒乓球的比赛规程

比赛规程是主办单位和参加单位进行各项组织工作的依据。比赛规程一般由比赛主办单位根据组织比赛的目的、任务、时间和场地情况拟定，在比赛前尽早地发给参加单位，以便各单位有充分时间做准备工作。随同比赛规程应附报名表一式两份，要求逐项填写，字迹清晰，并在报名截止日期内交寄比赛主办单位。

比赛规程包括：①比赛名称；②目的和任务；③日期和地点；④比赛项目；⑤参加单位及人数；⑥运动员资格；⑦报名及报到日期；⑧比赛规则；⑨比赛办法；⑩决定名次和记分办法；⑪奖励规定；⑫比赛用球；⑬其他特殊规定。

（二）乒乓球比赛基本方法

1. 单循环赛的方法

参加比赛的队（人）之间轮流比赛一次，即为单循环赛。这种比赛方法可使各队之间接触机会增多，有利于互相学习，共同提高，所产生的比赛结果较合理。但它也有不足，如比赛场次多，比赛时间长，所用场地数量多等。由于参加队数较多，多采用分阶段分组单循环赛或分级分组单循环赛的方式。确定小组单循环的比赛顺序，要考虑比赛场次进度的一致性，避免连续作战，尽量使各队机会均等，并要注意每一轮强队、弱队的搭配。另外还要使强队或水平相近的队在最后相遇，从而使比赛逐步进入高潮。在分组循环赛中，小组里每一成员应与组内所有其他成员进行比赛。胜一场得 2 分，输一场得 1 分，未出场比赛或未完成比赛的场次为 0 分，小组名次应根据所获得的场次分数决定。

2. 单淘汰赛的方法

运动员按编排的比赛秩序进行比赛，胜者进入下一轮比赛，负者淘汰，即为单淘汰赛。这种比赛方法便于在人数多、时间短、场地少的条件下组织比赛，同时也可使比赛逐步进入高潮。世界乒乓球锦标赛中，男子单打、女子单打、男子双打、女子双打、混合双打都采用单淘汰的比赛方法。

（1）单淘汰赛的号码位置数。单淘汰赛的冠亚军比赛，是在两个人之间进行的。这两个人是由 4 个人比赛产生的，而 4 个人又是由 8 个人产生的，以此类推。所以，采用单淘汰赛的比赛办法时，应先根据参加比赛的人数选择最接近的、较大的 2 的乘方数作为号码位置数。

常用的号码位置数是：第一，如果参加比赛的运动员人数不足号码位置数时，需要安排轮空，使参加第二轮比赛的运动员人数正好是 2 的乘方数。第二，如果参加比赛的人数稍大于 2 的某个乘方数时，需要安排轮空位置太多，这时可不安排轮空，而用"抢号"的方法解决，即以最接近的较大的 2 的乘方数作为号码位置数，其中一部分运动员进行"抢号"。"抢号"就是两名运动员或几名运动员使用一个号码位置，先进行比赛。"轮空"或"抢号"的办法，本质上是一致的。

（2）单淘汰赛的轮数。单淘汰赛的轮数为选用号码位置数的 2 的乘方数，2 的几次方为几轮。当人数在 2 的乘方数之间时，为较大的乘方数。

（3）单淘汰赛的场数。在单淘汰赛中，每进行一场比赛即淘汰一名运动员，如果参加比赛的运动员全部淘汰，那么所需要的比赛场数与参加比赛的运动员人数相等。但最后一名冠军不可能被淘汰，所以实际比赛场数应为参加比赛的"人数-1"，即"场数=参加人数-1"。

（4）单淘汰赛的附加赛。单淘汰赛只能确定冠亚军。用附加赛的办法可进一步排出前 6 名或前 8 名的顺序。进入前 8 名的运动员，每一轮的胜者与胜者、负者与负者进行比赛，直到排出前 6 名或前 8 名的名次。

3. 混合赛制的方法

在一次比赛的不同阶段，分别采用不同的比赛制度，称为混合赛制。混合赛制是在运动队（员）数较多、场地较小和时间安排较紧条件下进行比赛的较为行之有效的办法之一。混合赛制在一定程度上能集淘汰赛制和循环赛制的基本优点和长处，既能保证在较短时间和较小场地的条件下完成预定的比赛任务，又能比较客观地反映大多数参赛运动队（员）的实际技术水平。

（1）先分组循环赛，后进行淘汰赛。先分组循环，后进行淘汰的混合赛制组合方式目前在各类体育比赛中被广泛运用。采用这种混合赛制时，应根据上一阶段比赛的名次优先和同组或同一协会在条件许可情况下合理分开的基本原则，重新抽签确定下一阶段比赛中的号码位置。

（2）先进行淘汰赛，后进行循环赛。这种混合赛制适用于一些基层选拔（优选）赛，能使水平相对较高的运动员有较多的比赛机会，最后产生的名次也相对较为合理。

（3）循环赛和其他赛制的组合。如先采用分组循环赛排出小组名次，再采用 Page 制或挑战制决出最后名次。

第六章 乒乓球运动的教学与训练

乒乓球运动具有突出的教育教学与训练价值，因此在体育教学中是非常重要的教学项目之一。在乒乓球运动的教学与训练中，乒乓球运动的技术教学与训练、战术教学与训练、营养与健康训练以及心理保健与训练是比较重要的内容，本章即针对这几部分内容进行阐述与分析。

第一节 乒乓球运动的技术教学与训练

一、乒乓球运动的技术教学

（一）乒乓球步法教学

步法指击球员为选择合适的击球位置所采用的脚步移动方法。步法是运动的基础。步法的特点是：起动快、移动快、频率快。比赛中来球的落点不断变化，正确的步法能使自己移动到合适的击球位置。没有灵活的步法是不能适应训练和比赛需要的，相对而言，也会影响技术水平的提高。

步法教学的分类：从移动范围来看有大、中、小三种不同范围；从移动方向来看，有向前、向后、向左、向右、斜前方、斜后方等不同移动方向；从移动方法而言，有单脚、双脚、交叉移动；从移动形式来看，有平动、滑动、跳动等。其种类有以下方面：跳步、单步、跨步、并步、交叉步、侧身步、小碎步等。

1. 跳步

小跳步（亦称作小垫步）。两脚的前脚掌几乎同时上下轻轻跳一下或踮一下，有时两脚是不离开地面的。一般用于还原身体重心或脚距，调节击球的姿势。优秀的运动员在发球后，常用小跳步进行还原。伺机进行抢攻。否则身体重心压在右脚上或侧向球台，很难起动结合下一板击球。又如削球选手，每削完一板球后经常采用小跳步还原，从而加快了步伐移动速度。在运用小跳步时，应注意上下跳动的幅度不宜过大，否则延误时间，对还击下一板球不利。

大跳步。在来球较快、角度较大时采用。即来球异方向的一脚前脚掌内侧用力蹬地，使两脚离开地面同时向前、后、左、右方向跳动，蹬地脚先着地。在做跳步时，通常是依靠膝关节和踝关节的缓冲来减少重心的上下起伏。

2. 单步

在来球距击球员身体一步以内的较小范围、角度不大的情况下采用，其动作要点是：以一脚前脚掌内侧蹬地用力，并以此前脚掌为轴稍转动；另一脚向来球方向移动一步。在还击追身球或近网短球时常采用此种步法。在做单步移动时，身体重心必须向击球方向移动，并应注意立即用移动脚的前脚掌内侧用力蹬地还原，保持准备姿势。

3. 跨步

在来球距击球员身体一大步的范围时采用。跨步步法的优点是移动速度快，便于还原。直拍左推右攻打法选手在还击正手位大角度来球时用此步法较多。削球选手在中台接突击球时，也往往采用此步法。跨步动作要点是：来球方向的异侧脚前脚掌内侧用力蹬地，同侧脚向来球方向侧跨一大步。同时，脚尖应转向来球方向，并用前脚掌内侧蹬地制动起缓冲作用；异侧脚再迅速跟上。球一离拍，应迅速还原成准备姿势。

4. 并步

并步（亦称滑步或换步），当来球距击球者身体一步以上而移动幅度又不大时采用。此步法没有腾空动作，它的优点是移动后，能保持身体的平衡和稳定的击球姿势，便于发力和连续进攻。并步是削球打法选手常用步法，欧洲横拍快攻结合弧圈型选手采用最多。近台左推右攻选手从左至右正手攻时，也采用此步法。并步动作要点是：移动时，先以来球异方向的脚用力蹬地迅速向同侧脚并拢；来球方向的脚用前脚掌内侧用力蹬地，向来球方向滑一步，两脚几乎同时着地。第一步小；第二步大，呈准备姿势。由于并步是由两步组成的，故要求两脚移动的速度要快捷。

5. 交叉步

交叉步有正交叉步和反交叉步两种。当来球离身体较远时，击球员多用此种速度快、稳健性好、移动范围大的交叉步移动方法。从反手位向正手位一侧移动，叫正交叉步；从正手位向反手位一侧移动，叫反交叉步。

正交叉步。当右方来球做正手攻时，左膝关节内旋、右膝关节外旋使脚尖向右，同时转腰将身体重心移至右脚，右脚蹬地。左脚越过右脚跨向正手位，在左脚未落地时，腾空引拍击球，此时两脚呈交叉状态。球击出后，身体向左转面向球台。左脚随膝关节外旋先落地，右脚随膝关节内旋顺势落在左脚的右前方。

反交叉步。当左方来球由左向右移动时，右膝关节外旋，右脚越过左脚跨向反手位，腰随着向左转动，右脚未落地时，腾空引拍击球，此时呈右脚在前左脚在后的交叉状态。右脚着地后，用前脚掌外侧蹬地制动，右膝关节用力外旋，左膝关节内旋，身体向右转面向球台。可用反手攻或反手削球等技术动作击球，球击出后左脚落在右脚的左前方。正交叉步常用于直拍攻击型选手在推、搓、侧身攻后，扑正手时大范围的发力攻、拉。20世纪90年代乒乓球技术向积极主动、凶狠方向发展，"抢、争、夺"的意识更加强烈。以瓦尔德内尔为代表的欧洲选手开创了以侧身正手接发球的先河，是接发球技术的创新。他们加大了侧身正手晃接、挑、拉手段，正交叉步也被横拍选手所采用。反交叉步亦常用于攻击型选手从正手位移向反手位一侧的反手攻。削球选手削反手位大角度球时也常用此种步伐。

6. 侧身步

当来球逼近击球员身体或者来球至击球员反手位时，击球员采用侧身正手进攻的步伐。侧身攻时，根据来球距击球员身体远近距离，可采用单步侧身、并步侧身、跨步或向后反交叉步侧身。

单步侧身。右脚向左脚后方跨一步后侧身击球。如中路侧身攻球，常打直线可起到偷袭作用。

并步侧身。右脚先向左脚靠一步，左脚再向左跨一步。侧身拉弧圈球时常采用此步伐。

跨步侧身（小侧身）。左脚向左侧跨一步，右脚随即跟上击球。平常称为"小侧身"。其优点是快速简便，但跑动范围小。如侧身快带弧圈球时用此步法。

向后反交叉步侧身（大侧身）。当来球离击球员身体较远或击球员主动进攻时采用。其动作方法有两种：一是右脚先蹬地移至左脚的后面，左脚再蹬地向左侧跨一步；二是在右脚尚未落地时，左脚向左侧跳，右脚、左脚依次先后落地。同时，腰、髋关节配合向右后方转动让位。快攻型或弧圈型打法选手用此步法侧身后，发力抢攻或抢冲。其优点是侧身范围大、侧得开，侧身后便于保持基本姿势。

7. 小碎步

小碎步即向前、后、左、右高频率的小跑步。小碎步是连接以上几种步法的组合步。这一步法虽然简单，但每一次击球时均能使用到它。小碎步起着调节身体重心、调节击球位置、时间、力量的作用；有利于起动快、发力大、击球准确等内涵的作用。此外，小碎步对各种技术动作、战术运用，它都起着承上启下、调节、衔接的积极作用。

（二）乒乓球手法教学

1. 握拍法教学

握拍法指运动员手握乒乓球拍的方法。有直拍握法和横拍握法两种。选用何种握法，因人而异。可根据个人的身体条件、兴趣爱好、技术特点选择一种适合的握拍法。

正确的握拍法对调整击球时的引拍位置、拍形角度、拍面方向、发力方向等有重要作用。它与掌握乒乓球基本技术和提高乒乓球技巧有密切关系。由于有直握球拍和横握球拍两种不同方法，便形成了直握拍和横握拍两种不同打法。至于哪种打法更先进，世界乒坛之争一直没有结果。20 世纪 50 年代以前世界冠军几乎为欧洲横拍握法选手夺得，当时认为横握球拍打法先进；20 世纪 60 年代中国、日本直拍进攻型打法崛起并击败欧洲，多次夺得世乒赛各项男、女团体和男、女单项冠军，世界乒坛的舆论又倒向直拍打法是最先进的一边，甚至一些世界级的优秀选手，如南斯拉夫的卡列尼茨（是该队三大主力之一），弃横拍握法与打法改学中国式的直握拍及打法。

进入 20 世纪 70 年代，欧洲选手汲取中国近台快攻和日本弧圈球技术，形成了横拍快攻结合弧圈新打法。至此，横、直拍打法哪个先进的争论暂时平息。20 世纪 80 年代，由于中国以直拍快攻打法为主的选手在 1981 年第 36 届世乒赛中一举夺得全部 7 项冠军，直握拍的优势地位仍然保持。在 20 世纪 80 年代中后期，因欧洲选手正、反手弧圈的增强，我国选手反手位弱点暴露，直握拍打法出现了“危机”，为此创新了“直拍横打”技术。1992 年在成都的中国乒乓球公开赛上，刘国梁以此新技术战胜瓦尔德内尔。1995 年在第 43 届世乒赛上，男子单打荣获亚军。在 1996 年第 26 届奥运会上，刘国梁夺得男子单打、男子双打两项冠军。再一次证明哪种握拍先进、哪种打法先进，是与技术是否先进和运动员本身的条件是否优秀相关。

（1）直拍握法。直拍握法主要分为以下几种：

1）钳式握法。钳式握法根据拇指和食指间距离大小，分为大钳式、中钳式、小钳式三种握法。采用中钳式较为合理。

大钳式握法：拇指和食指间距离大于一指宽以上。因影响手指手腕灵活性，此握法已很少见。

中钳式握法：拇指、食指自然弯曲，以拇指第一关节和食指第二关节压住球拍的两肩，两指间距适中。拍后，中指、无名指、小指自然弯曲斜形重叠，以中指第一关节偏左侧部托于球拍背面上 1/3 处；或中指、无名指微屈，同时压住拍面。

小钳式握法：拇指和食指间距离小于一指宽，往往贴近连在一起。此握法虽利于正、反攻球，但不利于发力。

2）食指扣拍式握法。球拍的拍身大多为长方形，在拍柄部位有一较高的软木垫，便于扣拍。因日本和朝鲜选手使用此种球拍较早较多，亦称"日式"球拍。其握法是拇指紧贴在拍柄的左侧，食指扣住拍柄，形成一个小环状，紧握拍柄。中指、无名指、小指自然弯曲顶在球拍的背部约 1/3 处。

3）削球式握法。直拍削球打法因其技术难度大，其握拍方法是拇指和其余四指分开握球拍的两面。拇指弯曲紧贴拍柄的侧肩部，食指、中指、无名指和小指托住球拍的背面。削球式握法在正手削球时，引拍至肩高，为减少来球冲力，拍形垂直或稍后仰，击球后尽量使球拍后仰；反手削球时，拍后四指灵活地把球拍"兜"起，使拍柄向下压住来球。①

（2）横拍握法。横拍握法因个人的习惯、特点不同，分深握和浅握两种。因手指动作相似，均称"八字"式握法。横拍握拍方法是虎口压住球拍右上肩，拇指和食指自然弯曲分别握在拍身前、后两面。中指、无名指、小指弯曲握住拍柄。横拍握法适用于快攻型或弧圈型打法。正手攻球时，食指在拍身背面应稍向上移位。反手攻球时，拇指稍向上移位，便于固定拍形，易于发力击球。横拍握法优点：拍柄延伸距离长，左右照顾范围大；反手进攻时，因拍形固定且不受身体阻挡，易于发力；另外，攻球和削球时手法变化不大，易于从进攻转为防守，又由相持转入进攻。横拍握法缺点：因拍形比较固定，手腕不太灵活，还击台内短球难度增大，正、反手攻球时，左右转动拍面击球，手臂做内旋和外旋动作幅度大，故挥拍摆速慢。

2. 球法教学

发球与接发球是乒乓球的重要基本技术，两者是互相推动向前发展的。发球技术的提高能促进接发球技术的提高，接发球技术提高了，又促使发球技术的再提高。

乒乓球比赛时，发球是力争主动、先发制人的第一个环节。比赛中发球能否得分，能否打开局面获得优势同发球技术好坏有密切关系。因此，发球时，要求出手快，要能用相似的手法发出不同旋转、不同落点和不同速度的球。发

---

① 张钰晨. 乒乓球运动的多元发展与教学训练创新研究［M］. 北京：九州出版社，2019.

球后要积极抢攻、抢拉。抢攻好又可以使发球有更大的威胁，从而打乱对方的战术意图，掌握主动权。所以发球技术好，不但可以直接得分，还可以为进攻创造机会，争取胜利。发球主要是由抛球和挥拍击球两个动作组成的。抛球是前提，击球部位和挥拍方向是决定发球性质的关键，用力大小和第一落点的远近是发球变化的条件。

（1）发球的教学动作。

1）平击发球。特点：平击发球一般不带旋转，它是初学者最基本的发球方法，也是掌握其他复杂发球的基础。动作方法：正手发球，左脚在前，身体稍向右转。左手掌心托球，置于身体右侧，右手持拍也置于身体右侧。发球开始时，持球手将球向上抛起，同时右臂稍向后引拍，在球略高于网时，持拍手从身体右后方向前挥拍，拍形稍前倾，击球的中上部。击球后，前臂和手腕继续随势向前挥动，身体重心移至前脚。击出的球先落在本方台面，弹起后再落到对方台面。反手发球，右脚在前，球向上抛起后，右手持拍是从身体左后方向前挥动，拍形稍前倾，击球中上部。

2）反手发急球。特点：球速快，弧线低，前冲力大。以攻为主的运动员用这种发球易发挥速度上的优势，迫使削球运动员后退接球，利于加强攻势。动作方法：反手发急球，右脚稍前，持拍手位于身前。在持球手将球轻轻向上抛起的同时，持拍手向左后方引拍，拍形稍前倾，用前臂和手腕发力，击球中上部，击球点应与网同高或比网稍低，第一落点靠近本台端线。发弹击式急球时，把球向上抛起后，持拍手微向后上方引拍。击球时比反手发急球用的手腕弹击力量更大一些，主要靠手腕发力，因此比前一种发球难度大。反手发急下旋球与发急球动作上的区别，在于球拍必须略为后仰，加大拇指压拍的力量，使拍触球的中下部，前臂在向前、向右挥动的同时，必须附加向下的力量，使球达到越网的必要高度，否则球的着台点就会接近中区，而使发球失误。

3）反手发右侧上（下）旋球。特点：右侧上（下）旋转力强，对方挡球后，向其左侧上（下）反弹。动作方法：反手发右侧上旋球，右脚稍前，持拍手位于身前，持球手位于身体左侧。发球时，拍与球接触的刹那间，前臂带动手腕，用力向右下方挥动，同时前臂略向内旋，拇指压拍，使拍面逐渐向左倾斜，从球的正中部向右上方摩擦，球的第一落点靠近端线约 20 厘米处，越网落到对方的左角。反手发右侧下旋球与发右侧上旋球动作上的区别在于触球的一刹那，拍面略微后仰，拍从球的中下部向右侧下摩擦，球从本方台面弹起后，越网落到对方左角。

4）正手发奔球。特点：球速急，落点长，冲力大，球的飞行弧线向左偏斜。从右角发斜线能发出角度较大的球，使对方回球困难，能迫使削球运动员后退接球。动作方法：将球抛起后，持拍手向后引拍，前臂放松，使球拍顺势下降，好像把球拍在体侧做一次向后的小绕环动作。当球降到约与网同高时，手臂迅速向左前方挥动，拇指压拍，拍面略向左偏斜。拍触球的刹那间，手腕向左上方抖动，使拍从球的右侧继续向右侧上摩擦，球的第一落点靠近端线 20 厘米处，越网落到对方右角。

5）正手发左侧上（下）旋球。特点：球速一般不很急，左侧上（下）旋转力较强，对方挡球后，向其右侧上（下）反弹。动作方法：发左侧上旋球，左脚在前。抛球时，持拍手向右上方引拍，手腕略向外展；球回落时，手臂迅速向左下方挥动，食指压拍，拍面略向左偏斜约与网等高时击球，前臂和手腕用力向左挥动，同时前臂略向外旋，使拍从球的正中部向左侧上摩擦，球的第一落点靠近端线约 20 厘米处，越网落到对方左角。发左侧下旋球与发左侧上旋球动作上的区别，是手臂应从右后上方向前下挥动，使拍从球的中下部向左侧下摩擦，拍触球的刹那间，前臂略向外旋。

6）正（反）手发转与不转球。特点：球速较慢，前冲力小，主要是发球手法近似，以旋转变化来迷惑对方，使其回接困难。发下旋短球能控制对方攻势，发不转球易使对方接出高球或出界，为进攻创造机会。动作方法：发下旋短球时，左脚稍前，抛球时将拍引至肩高，手腕略向外展，拍面稍后仰，球回落时，手腕和前臂迅速向前下方发力，摩擦球的中下部。拍触球时手腕的发力要大于前臂的发力，这样才能发出比较强烈的下旋球。发不转与转球动作上的区别在于，拍触球的刹那间减小拍形后仰角度，并稍加前推的力量，使作用力线接近球心，从而形成不转球。反手发转与不转球多用于横拍选手。发球时，拍触球的刹那间拍形稍躺平，从球的中下部向底部摩擦，手腕的发力要大于前臂的发力。反手发不转球时，拍触球的刹那间拍形稍立起，击球的中下部，手臂迅速向前方稍加推的力量将球发出，以前臂的发力为主。

7）发短球。特点：击球动作小，出手快，球落到对方球台后的第二跳不出台。发短球可以牵制对方，使对方不易发力还击。动作方法：发短球主要靠手腕和前臂摩擦发力，向前的用力不要太多，可以加上回收的力量。这样就能发出旋转比较强的短球。摩擦球的部位同发侧上（下）旋和下旋长球相同，只是要求第一跳弹在对方球台中段，这样才能以短球控制对方。

8）正手高抛发球。特点：把球抛高可用以迷惑对方。发球时，利用球下降的速度可使发出的球速度快、变化多、旋转强。动作方法：发球时，左脚在前，右脚斜后。持球手将球用力平稳地往上抛直，球离头部 1.5 米左右，同时腰和腿顺势向上稍挺伸，重心在左脚上。待球下降在接近腰部偏右时（离身体约 15 厘米左右），持拍手臂由腰部右后方向左前方挥拍击球，身体重心顺势移到右脚，以便为下板做好准备。击球的瞬间，手臂和身体其他部位集中发力摩擦球，其中手腕发力是最主要的。发侧上旋球时，球拍接触球的刹那，手腕迅速上勾，摩擦球的中部或中下部，食指侧发力多些。发侧下旋时，集中摩擦球的中下部，球拍由左下方往右中上方摩擦。发力时，后面三个手指顶住球拍，拇指侧用力稍多些。

（2）接发球教学。随着乒乓球技术的发展，发球技术不断有所创新，出现了许多新的发球方法，在比赛中已显出了很大的威胁性，这样就要求接发球技术要相应提高。因此，研究和提高接发球技术具有重要意义。

在每局的比赛中，双方发球和接发球各占一半机会。但是接发球技术的运用往往是被动的，要根据对方发球的方法与来球性能决定接球的方法。因此，如接发球能力差，不仅给对方造成较多的进攻机会，更严重的是在关键时刻，常因接不好发球而产生心理上的恐惧（过度紧张），从而引起连续失误。从这一点来看，接发球不如发球能够充分发挥主动权。所以，只要在接发球时能够对对方发球的旋转、落点等变化作出正确判断而又果断、合理地运用接发球技术，就能迅速摆脱被动，取得主动权。这就要求接发球的方法要多，对发来的出台球要能够抢攻或拉弧圈球（抢拉），对发来的急球要能够快推、快攻，同时还要有落点、旋转、速度、力量的变化，使对方不能发力抢攻或拉弧圈。这样就可以减弱对方的攻势，力争主动，夺取胜利。

1) 站位的选择。接好发球的基础是要选择好站位。只有选好站位，才能把对方发过来的各种落点和各种变化的球接过去。同时还要在进入对打阶段能够发挥个人的特长。要根据对方发球时的位置来决定自己的站位，如果对方用正手在球台右方发球则站位应偏右一些，如果对方用反手或侧身在球台左方发球则站位应偏左一些。站位偏左或偏右多是从回接对方发来角度较大的斜线球来考虑的。站位离台远近应根据个人习惯打法来决定。总之，站位的选择要保证在进入对打阶段能发挥出个人的技术特长。通常为了便于照顾接长球又能接短球，站位不宜离台太近或太远。另外为了迅速起动，身体重心不宜过低，重心位置应保持在两脚之间。两脚站位的宽度要大于自己的肩宽。接发球时，球拍的位置要适当。一般应在台面同一个水平高度上。但是，也有的运动员（使用两面不同性能的球拍）将球拍持于台面水平高度之下，这样他可以使对手不易看清他用球拍哪一面还击。接发球时，一定要等对手把球发出来再做接球动作。不能过早地猜测做动作。按照上述原则采用最适合于个人类型打法的姿势和站位（指与球台的关系）才能接好各种多变的发球。

2) 判断旋转和落点的方法。由于发球的旋转和落点变化多，因此加强接发球的判断能力是十分重要的。判断是提高反应的基础，失去了"判断"的准确性，接球将带有盲目性。一般可从下列三个方面进行判断，但这三个方面不是孤立的，而是相互联系，相辅相成的。

第一，从对方出手动作来判断。一是可从对方击球时的拍形角度来判断发球的方向。如发斜线球，拍形则向侧偏斜；如发直线球，拍形则向前。二是可从对方击球时力量的轻重来判断来球的落点。根据对方发球时挥摆手臂的幅度大小和手腕用力的程度就能判断来球落点的长短和旋转的强弱。挥摆的幅度大，则落点长，挥摆的动作小、力量轻则球速慢，落点近。拍触球的一刹那，手腕用力切球或抖动得越厉害，旋转力就越强，反之旋转力则越小。三是可从对方发球挥拍动作和拍触球后移动的方向来判断球的旋转性能。关键是拍触球刹那间要看对方球拍是向哪个方向移动，向上则带上旋，向下则带下旋，向左

（右）则带左（右）侧旋。但不要被假动作所迷惑。如接高抛发球，对方把球抛得很高时，不要只盯着抛起来的高球，而要紧紧地盯住对方触球时的动作变化，又如接转与不转或侧上（下）旋发球，应当注意对方的动作。发不转或侧上旋，往往是"下切"时不触球。而在"往上擦时"才触球。

第二，从对方的动态来判断。接发球时，注意观察对方的动态可以推断其作战意图。例如对方以发短球为主，就应主动地站得近台一些，但思想上也要防备对手出其不意地突然发来长球。一些优秀运动员在接发球时，常常有意识地造成一种假象来迷惑对方，有时故意站位远离球台一些，以引诱对方发短球，而思想上早有接短球的准备，这样在接短球时可以为自己创造进攻机会。

第三，从来球的运行轨迹判断球。判断来球的长短、落点比较容易。简单而言，如果球的最高点是在对方台面上空或靠近网前，来球的落点则短；反之则是长球。如果第一跳落台短，弧线长，则发过来的是长球（急球）。如果第一跳落台长，弧线短，则发过来的是短球。用这种方法判断来球的落点也比较有效。球的运行是指来球在空中飞行时所表现出来的情况。下旋的加转球在空中飞行时，表现出来的现象是前段快，后段慢；不转球则是前段慢，后段快（球落台后向前冲）。在接发球时可以通过球运行速度的快慢帮助判断来球旋转性能。

总之，在接发球时，判断旋转性能是比较复杂的。现提出三种判断方法供参考：第一，看对方触球一瞬间的动作变化；第二，对两面不同性能的球拍（一面反胶，一面防弧圈或长胶），可以从击球的声音来判断球的旋转；第三，球的运行速度。

二、乒乓球运动的技术训练

（一）乒乓球技术一般训练方法

1. 握拍技术训练

（1）徒手模仿练习，检查自己握拍时各手指的位置以及用力情况。

（2）两人一组，分别练习正、反手平提球或正手攻球，相互纠错。

（3）观看优秀乒乓球运动员握拍技术的录像。

2. 基本步法训练

（1）单个或组合步法的模仿练习。如挥拍做跳步、并步结合侧身步、侧身步结合交叉步等练习。

（2）看手势快速向前、后、左、右移动练习。

（3）规定次数或组数的步法练习或规定时间的步法练习。

（4）做步法与手臂摆速相结合的练习。如站在球台边线一端。听口令后，采用并步、交叉步、小跑步、并步结合跨步等步法移动，用一只手或两只手分别触摸边线两端。

（5）加强腿部力量练习，采用蛙跳、蹬跨、单足起、杠铃蹲起等练习手段提高爆发力。

（6）观看优秀乒乓球运动员录像，学习步法移动时重心的移动、步法的衔接。

3. 准备姿势训练

（1）看手势做徒手模仿练习，由准备姿势开始向各个方向移动，在移动过程中注意保持重心平稳。

（2）做规定板数的推、攻、搓技术练习，体会正确的准备姿势。

（3）观看优秀乒乓球运动员的录像，建立准备姿势的正确概念。

4. 发球与接发球技术训练

（1）发球训练。

练习各种旋转球，体会旋转的性能和作用。

台前做各种发球练习。

对墙做各种发球练习。

在台上重复做第一落点的发球练习。

练习用同一手法发不同旋转和落点的球。

徒手做发球前的准备姿势，模仿抛球及发球的动作。

先做发斜线球练习，再做发直线球练习；先练发不定点球，后练发定点球。

（2）接发球训练。

多球反复接发练习。

回接对方平击发球练习。

接对方用近似手法发出的两种不同旋转的来球，以提高适应能力。

用不同的技术方法回接对方发来的旋转球，以提高适应能力。

先进行定点定性能的接发球练习，然后过渡到不定点不定性能的接发球练习，以加强对来球旋转和落点的判断。

通过记分比赛来提高接发球的能力。记分赛提供了接近实战的环境，是提高接发球能力的好办法。

5. 攻球技术训练

（1）2 人对攻中路直线。

（2）2 人正（反）手对攻斜线。

（3）2 人对练，一人挡球，另一人练习直拍横打技术。

（4）2 人对练，一人自抛自攻，另一人用挡球回击，互换练习。

（5）2 人对练，一人正（反）手攻球，一人推挡回击，互换练习。

（6）2 人对练，一人一点攻两点，另一人两点推挡一点，互换练习。

（7）徒手模仿正、反手攻球，直拍横打技术动作，体会挥臂、腰部扭转和重心转换等动作要领。

（8）练习者站位近台中偏右（左），在右（左）角端线附近自抛自攻对方右（左）边斜线。体会前臂内收发力和手腕内（外）旋及击球点。

6. 削球技术训练

（1）反复进行挥拍练习。

（2）徒手模仿削球动作练习。

（3）接发球削球练习。

（4）用正手或反手连续削回对方拉抽过来的球。

（5）用正手或反手削直线或斜线球。

（6）正手和反手结合向固定落点削球。

（7）近削逼角练习。一人拉球，另一人用正反手将球削到对方左角或右角。

（8）削转与不转球。一人稳拉对方正手或反手，另一人正手或反手用相似手法削出转与不转的球。

（9）一人拉球，另一人在正反手结合的削球过程中削转与不转的球。

（10）一人拉中扣杀结合放短球，另一人在削球中上步接回对方所放的短球。

（11）削球和攻球结合练习。

（12）球和推挡结合练习。在削球中突然上前推击对方空当。

7. 搓球技术训练

（1）徒手模仿搓球练习。

（2）一人发下旋球，另一人将球搓回。

（3）自己在台上抛球，当球弹起后将球搓过球网。

（4）发下旋球，两人对搓中路直线，再对搓斜线。

（5）发上（下）旋球，一人（正）反手搓对方两点，另一方正、反手搓对方反手一点，轮换练习。

8. 推挡球技术训练

（1）两人对推球练习。

（2）挡平击发球练习。

（3）推挡对方攻球练习。

（4）各种球路的推挡结合练习。

（5）推落点练习，由一点推对方球台不同落点。

9. 弧圈球技术训练

（1）徒手模仿弧圈球动作练习。

（2）两人对搓，一人搓中拉弧圈球练习。

（3）两人一组，一人正手或者反手挡直线（斜线），另一人连续拉弧圈球。

（4）移动中徒手模仿练习。

（5）一人发球，一人练拉弧圈球。轮换练习。

（6）结合发球抢拉、接发球抢拉，拉攻中结合弧圈球，拉弧圈球结合扣杀进行练习。

（二）乒乓球技术训练方法的创新设计

1. 单线练习法

乒乓球的击球线路非常多，大致可以归纳、简化为五条基本球路（左方斜线、右方斜线、左方直线、右方直线、中路直线），根据具体情况进行单一线路练习。

（1）练习方法。

1）按规定的单一线路进行单一技术练习，如右方斜线对攻。

2）按规定的单一线路进行两个或两个以上技术的练习，如右方斜线的削中反攻练习。

3）在同一线路上，进行近台对中台或近台对中远台的对练，如一名选手在中台拉弧圈球，另一名选手在近台快带。若能采用记分方法，效果更好。还可在单线的拉削练习中，加紧放小球，以提高削球选手的前后步法。

（2）练习作用。

1）学习、熟悉某一单个技术或改进某动作的某些缺点。如通过右方斜线的中台对攻，解决攻球时用腰腿协调发力的问题；中台或中远台对拉弧圈球的练习对于提高拉弧圈球的技能具有非常好的效果。它既可提高全身协调配合发力的能力，又可提高制造击球弧线的能力。

2）熟悉单一线路上两种或两种以上技术（包括手法和步法）的配合及其战术练习。如为加强左半台的进攻能力，可采用左半台对练的方法，在左半台范围内，发球、接发球、搓、攻、挡多种技术配合，并带有一定的战术意识。

3）提高单一线路的前后步法和调节击球节奏的能力。

（3）练习注意事项。

1）在实际训练中，单线练习是指规定击球区域的练习。如两条斜线经常是以对角半台为界，两条直线往往是以同边半台为界。

2）即使是单一线路的单一技术练习，也不能站死不动地打球，最起码应有单步或小碎步式的重心交换。

2. 复线练习法

(1) 两点打一点的练习。

1) 练习方法：①有规律地变化左右落点，如一左一右、一左两右或两左两右等。所谓的两点，可以是半台、2/3 台或全台两大角。②无规律地变化左右落点。

在以上练习中，两点打一点者可使用一种技术（如正手 2/3 台走动攻）或两种（左推右攻）及两种以上的技术。一点打两点者，可使用一种（如反手推挡）或两种以上的技术（如在摆速练习时，反手推结合反手攻或侧身攻）。而且，这一点可是反手位、正手位或中路；可推、可攻、可拉弧圈球。欧洲选手练习摆速时，陪练者往往站在球台中间用正手拉弧圈球至对方两大角，练习效果很好。

2) 练习作用：①两点打一点者。可提高将几种技术结合起来的技能，如反手推挡与正手攻球的结合、反手攻球与正手攻球的结合等；可提高步法的移动速度，特别是用一种技术（如正手攻球）在走动中击球时，对练习步法的意义尤为明显。②一点打两点者。可提高控制与变化落点的能力。

3) 练习注意事项：①循序渐进、由易到难，无规律变化的练习难度大，应在有规律变化的练习基础上进行。②陪练者（一点打两点者）击球的速度和落点、角度的变化应适合对方的水平，最好是经对方努力后即可完成，不经努力就可完成或经过努力也难以完成的练习都是不好的。③练习目的不同应有不同要求，如练习反手推挡结合正手攻时，要求用跨步或并步；练习正手 2/3 台走动攻时，要求用并步或跳步。另外，还应特别注意不能用降低技术质量的方法进行敷衍式的练习。如练习推、侧、扑时，不能用勉强的小侧身攻。④为改进传统练习方法中将主练与陪练截然分开的弊端，有些内容可灵活变化，如摆速练习，传统方法是每人 15 分钟，主练左推右攻，陪练一点推两点。现可改为：前 15 分钟甲方每球先变线，打开后乙方亦可变线；后 1 分钟乙方每球先变线，以后甲方亦可变线……这就打破了主、陪练的严格界限，双方还可练到攻防的转换。

（2）两点对两点的练习。

1）练习方法：①两斜对两直。规定一方只能打两条斜线，另一方只能打两条直线的练习。②逢斜变直、逢直变斜。一方可随意向对方全台击球；另一方遇斜线来球必须回直线，遇直线来球必须回斜线。③两直对一直一斜。两名攻球手练习时多采用这一方法。一方只打直线，反手位用反手打、正手位用正手打；正、反手各打两次直线。另一方全部用正手走动攻，侧身位攻—直线、攻—斜线；正手位攻—直线、攻—斜线。还有一种与此相似的方法，即两斜对一斜一直。一方只打斜线，反手位用反手打、正手位用正手打；正、反手各打两次斜线。另一方全部用正手走动攻，侧身位攻—斜线、攻—直线；正手位攻—斜线、攻—直线。

2）练习作用：①走动中将两种技术结合运用，并有意识地控制击球落点。②逢斜变直、逢直变斜的难度比两斜对两直大，有助于提高判断能力。③两直对一直一斜和两斜对一斜一直的练习突破了传统练习中击球线路单一的缺点。现在的正手走动攻，即打直线又打斜线。另外，这两个练习方法还大大缩小了主、陪练的差距。

（3）三点打一点的练习。

1）练习方法：三点者皆用正手攻或拉弧圈球，一点者可推、可拨、可削。①完全式的三点打一点练习。②不完全式的三点打一点练习。③变化式的三点打一点练习。三点者皆用正手走动攻，每次移步动范围不超过半台。对方回球至我左角或右角时，下板球肯定至我中路；对方回球至我中路时，下板球可能会至我左角或右角。

2）练习作用：

可练习正手在左角、中路和右角的走动攻，移动范围比两大角打一点要小，技术难度小。学习正手走动攻时，往往先从完全式的三点打一点练习开始，随之进行不完全式的三点打一点练习。变化式的三点打一点练习，将判断、反应结合起来，有变化、有难度，可以全面提高练习者的实战能力。

3）练习注意事项：①移步基本上采用并步。②侧身攻后应用交叉步扑正手。③注意力格外集中，以提高判断、反应能力。④尽量采用正手走动攻，实在来不及，可用反手过渡，之后迅速转为正手走动攻。

（4）三点对两点的练习。

1）练习方法：

三点者全部采用正手走动攻球或拉弧圈球；两点者，反手位来球用反手打，正手位来球用正手打（包括攻、带、拉弧圈球等）。双方击球具体线路。

2）练习作用：①双方都需要移动击球，而且在走动中击球还需要控制击球落点，在一定程度上打破了主、陪练的界限，更大限度地调动了双方练习的积极性。②在以往的推、侧、扑练习中，扑正手这一板都是打直线，三点打两点的练习，要求扑正手这板球打斜线，和以往的练习相结合，可以互相补充。

3）练习注意事项：

刚开始采用此方法练习时，可稍降低击球速度，待双方熟悉后，再逐渐加大击球力量和速度。

3. 长短球练习

（1）练习方法。在上面的练习中加进短球的内容，从有规律到无规律。这里的规律有以下两个含义。

1）长短球的落点变化，如同线长短、异线长短。

2）长短球变化的间隔时间，如一长一短、两长一短或无规律地变化长短落点。

（2）练习作用。

1）提高前后步法及其与左右步法的结合能力。

2）把打台内、近台及中远台球的技术结合起来。

（3）练习注意事项。

1）手法与步法相结合。

2）在练习中可结合旋转变化来提高效果。

4. 帮助练习法

男帮女练习法：一般情况下男运动员比女运动员的技术水平高，男帮女可明显提高女选手的练习效果。

高帮低练习法：请比自己水平高的运动员陪练，以提高训练质量。

按自己要求陪练法：请对方按自己的要求陪练，利于有目的地提高自己的某项技术或战术水平。

模拟对手陪练法：找打法与自己将要比赛的关键选手十分相近者，模拟未来对手进行训练与比赛，以提高对未来比赛对手的适应能力。

第二节　乒乓球运动的战术教学与训练

一、乒乓球运动的战术教学

（一）单打战术教学

1. 发球抢攻战术

发球抢攻是我国乒乓球运动员的重要战术之一。近年来，世界各种类型打法的运动员都越来越重视这一战术，并使之有了很大发展。运用发球抢攻时，应注意以下几个方面：

第一，注意发球的质量。即速度、旋转、落点等变化，给对方造成困难。

第二，注意发球与抢攻的配合。发球时，应明确对方有可能怎样接球，回球到什么位置，自己怎样抢攻等。

第三，每个运动员应有两套过硬的发球抢攻战术。多而不精或只有一招都不够完善。

第四，抢攻应大胆果断。不论对方用搓球、拉球（包括弧圈球）等技术接发球，自己都能抢攻。抢攻的技术好，可增加自信心，增加发球的威力，增大对方接发球的心理压力，就容易出现抢攻的机会。

第五，发球要与运动员本身的特点、特长、风格配套，才能起到良好的效果。

具体的发球抢攻战术，主要有以下几种：

（1）正手发转与不转球后抢攻。一般以发至对方中路或右方短球为主，配合左方长球。开始先发短的下旋球为好，以控制对方不能抢攻或抢拉，然后再发不转球抢攻。不转球，一般也先发短的，或发至对方攻势较弱的一面；如果对方吃，还可适当发些长的到其正手。若能发到似出台又未出台的落点，则效果更好。

欧洲拉弧圈球的选手，往往是发不转球到直拍选手的左方或中路近网，配合左长的下旋球。因为直拍选手反手遇强烈下旋多不敢起板，只能以搓回接，欧洲选手正好抢拉弧圈球。也可有计划地发短球后，先快搓两大角长球，再伺机抢攻或抢拉（冲）。这样，既可避免盲目抢攻，还可打乱对方接发球后就准备防守的战术。

（2）侧身用正手发高、低抛左侧上、下旋球后抢攻。侧身用正手发高、低抛左侧上、下旋球的落点为：发至对方中左短、左大角、中左长、中右（向侧拐弯飞行正好至对方怀中）和右短，配合一个直线奔球。左手执拍的选手采用此套发球抢攻的战术，威胁更大。一般多用侧身发高抛至对方右近网，对方轻拉至反手，可用推挡狠压（也可用侧身攻）一板直线，或直接得分，或为下板球的连续进攻制造机会；若对方撇一板正手位球，可用正手攻一斜线至对方反手。

（3）反手发右侧旋后抢攻。反手发右侧旋后抢攻战术尤其适合擅长反手进攻的选手运用，一般多发至对方中右近网或半出台落点，然后用正、反手抢攻对方反手。亦可发长球至两大角。一般发至对方正手时，对方常会轻拉直线，可用反手抢攻斜线。若发至对方反手拉，还可伺机侧身抢攻。对横拍削球手，以发至中右半出台为好。因为横握拍用正手接右侧旋球不便发力，控制能力低。反手发右侧上、下旋球，应强调出手动作要快。

（4）反手发急球后抢推、抢攻。反手发急球后抢推、抢攻战术在运用时，可分以下两种情况：

1）反手发急上旋球至对方反手后，侧身抢攻。要求急球必须发得快、力量大、线路长。最好能有一个直线急球配合。

2）擅长反手推挡的选手，或遇到对方反手推攻较差的选手，可发急下旋后用推挡紧压对方反手再伺机侧身攻的战术。为增加上述战术的效果，可与发右方小球配合运用，以长短互相牵制，相得益彰。

（5）下蹲发球后抢攻。可以将左侧上、下旋与右侧上、下旋球结合运用，落点上应有长短变化。对付只会用搓接发球的选手，应以发上旋为主。抢攻落点以中路为最佳，往往可直接得分。当然，还要注意灵活变化，攻击对方的弱点或声东击西。

2. 对攻战术

对攻，是进攻类打法在相互对抗时，双方利用速度、旋转、落点变化和力量轻重来控制对方，力争主动的一种重要手段。对攻战术主要是依靠左推（反手推挡、快拨）右攻或正、反手攻结合的打法，它具有快速多变的特点，达到调动、攻击对方的目的。

下面探讨常用的对攻战术：

（1）压对方反手，伺机正手攻或侧身攻。

1）一般用于对付反手较弱或进攻能力不强的对手。如第35届世乒赛时，匈牙利选手就用正、反手弧圈球压住中国选手的反手，乘中国选手打出较高的球后即发力猛冲。

2）压对方反手时，可用推挡、反手攻或弧圈球。

3）压对方反手准备侧身前，应主动制造机会，或突然加力一板、或攻压一板中路、或攻压一板大角度，尽量避免盲目侧身。

（2）压左调右。

1）适用范围：①自己反手不如对方反手时，主动变线避实就虚；②对方侧身攻的意识极强，用变其正手的方法，既可偷袭空当，又可牵制对方的侧身攻；③对付正手位攻击力不够强的选手；④自己正手好，主动变对方正手后伺机正手攻；⑤自己反手攻击力很强，可在变对方正手位时直接得分或取得主动；⑥左手执拍的选手用此战术较多，因变线的角度大，右手执拍的选手往往被动。

2）运用此战术时，应注意的问题：①变线的这板球应有质量。例如，推挡变线应凶一点，这样对方跑过去难以发力，自己侧身抢攻就容易。②避免习惯性变线，被对方适应，反遭被动。③应是主动变线，切忌被动变线，否则易给对方提供抢攻的机会。

（3）压左等右。压左等右（紧压对方反手，等着对方变线，自己用正手抢攻），多在对方采用压左调右的战术时使用。运用此战术时，压对方反手要凶些，否则对方变线较狠，自己往往被动。以上三个战术经常结合运用。例如，对方反手较弱或准备不足时，先用压对方反手的战术；但对方注意了反手，或增多了侧身攻后，就应改用变对方正手的战术。而当自己在反手位得利后（包括侧身攻），对方往往会频频变线到自己正手，此时自己又应采用压左等右的战术。

（4）调右压左。

1）运用方法：先打对方正手，将其调到正手位并被迫离台后，再打其反手位。注意，调正手位的这板球要凶，否则易遭对方攻击。

2）适用范围：①对方左半台进攻能力较强，压对方反手位不占便宜时，如我国快攻手在对付擅长侧身抢攻（冲）的单面攻选手时常采用此战术。②对付正手位进攻能力不很强，或反手位只能近台、不擅长离台的直拍快攻选手。这是目前欧洲选手对付不会反手攻球的直拍快攻手的主要战术。

（5）用加减力量压对方反手、中路后，迅速抢攻。用于对付站位中台的两面拉（攻）的选手。运用此战术时，一般应先用加力推（攻）将对方压下去，再用减力挡将其诱上来，然后伺机加力扣杀。如果仅有减力挡，无有加力推，就容易招来被动。

（6）连压对方中路或正手，伺机抢攻。一般在下列情况下运用此战术：

1）对方的反手攻击力较强。

2）对方属两面拉（攻）打法，但反手强、正手弱。

3）对方虽为两面攻选手，但遇中路球习惯于侧身攻者。如在第3届亚乒赛时，郭跃华对河野满。郭跃华先推压河野满的中路，然后抢冲反手或中路。但当河野满用侧身攻来对付中路球时，郭跃华又改为先调其正手，河野满被迫移位偏中，郭跃华再打其中路，直至获胜。

3. 拉攻战术

拉攻是进攻型打法对付削球打法的主要战术，即用拉球（包括一般拉球、小上旋和弧圈球）找机会，然后伺机突击（包括扣杀和抢冲）。具体运用时，有如下方面：

（1）拉一角为主，伺机突击自己的特长线路或中路追身。具体拉哪一角，可从两方面考虑：①选择对方削球较弱（不稳或旋转变化不强）的一面。②拉对方攻势较弱的一面。选择这样的拉球线路，既容易寻找突击的机会，又可避免（或减少）对方的反攻。突击的难度比拉球大，以自己最擅长的线路突击可以提高命中率。中路追身，是削球手的共同弱点，易出高球或直接失误。所以，突击中路又是更毒的线路。但是，突击中路的技术难度较大，应注意在平时训练中狠抓这一技术的训练。

（2）拉中路杀两角或拉两角杀中路。拉中路杀两角，是从中路找机会，然后杀两角得分。对付站位较近或控制落点较凶的削球手效果尤好。中路球，不好削，更难以削出落点很凶的球，所以，突击的机会就比较多。拉两角杀中路，是从两角找机会，然后突击中路得分（或是突击中路后，使对方削出更高的机会球，再大力扣杀两大角）。

（3）拉左杀右或拉右杀左。拉左杀右或拉右杀左两个战术实际是拉一角杀另一角。一般拉对方削球或反攻较弱的一角，杀另一角。由于拉与杀线路的变化，常使对方不适应而招来被动或失误。

（4）拉直杀斜或拉斜杀直。拉直杀斜或拉斜杀直两个战术各具特点。拉斜线，比较保险、稳健；杀直线，突然性强、速度快，但技术难度较大。拉直线，仅从线路讲技术难度较大，但拉球本身技术难度小、较稳健；杀斜线，比杀直线容易多了，命中率也高。比赛中，具体采用哪个战术，还需依对方和个人的情况而定。一般说来，拉斜杀直比拉直杀斜战术运用得多。

（5）拉长球配合拉将出台的球，伺机突击。在具体运用中，可有两种方法：①先拉长球至近对方端线处（包括小上旋和弧圈球），迫对方后退削球，再突然拉一板中路偏右的短球（将出台），使对方难以控制而削出高球，突击得分。②先拉将出台的轻球，再发力拉接近端线的长球，使对方因来不及后退而削出高球或失误。若能拉出将出台的强烈上旋的弧圈球，再配合前冲的长球，则效果更好。

（6）变化拉球的旋转，伺机突击。拉弧圈球的选手，可拉真（强烈上旋）、假（不转）及侧旋弧圈；一般拉球的选手，可拉上旋和侧旋球，用旋转的变化来增加削球的困难。如能将侧旋球拉至对方中路，则效果更好。

（7）拉搓、拉吊结合，伺机突击。运用此战术时，一定不要搓、吊过多，否则自己越搓（吊）越软，对方还会利用此机会反攻。为防对方的反攻，搓和吊球的弧线一定要低并讲究落点；一旦对方反攻后，应坚决回击好第一板，使其难以连续进攻。

（8）拉、搓、拱结合，伺机突击。拉、搓、拱结合战术多为一面使用长胶、一面使用反胶球拍的运动员在对付削球打法时运用。一般先用弧圈球（包括小上旋及一般拉球）将对方拉下台去削，然后用搓球又将其引上台，对搓中再突然用拱球找机会，伺机发力突击。

（9）稳拉为主、伺机突击。稳拉为主、伺机突击是使用胶皮拍的直拍削球手或攻削结合打法运动员在对付削球时的一种战术。他们一拉就是十来板，然后再伺机发力攻。遇反攻能力较强的削球选手时，应慎用。

4. 削中反攻战术

（1）削转与不转球，伺机反攻。旋转变化是削球选手争取主动的关键，从目前世界乒乓球技术的发展看，没有旋转变化的削球是难以取胜的。一般是先削加转球，使弧圈球选手难以抢冲并拉得手臂发硬后，突然送出不转球，伺机上前反攻。

在具体运用中，有时还采用削加转球至对方反手，削不转球至对方正手，伺机进行反攻的战术。还有人以连续削接近端线的不转长球为主，使对方拉球失误或自己伺机反攻。使用不同性能球拍的削球选手应充分发挥武器的特点，不仅反手擅长倒拍削球，正手亦应掌握此项技能。著名削球手陆元盛当年使众多攻球手败北，其重要原因就是他正手的倒拍削球使对手很难适应。

（2）逼两角，伺机反攻。分先逼左角、再逼右角和先逼右角、再逼左角两种方法。对手右方攻势强的，先逼其左角；对手左方攻势强的（如擅长侧身拉攻），先逼其右角。使对方不能站定等着打。

此战术若能和旋转变化相结合则更好。如先逼对方右角，再突变其左角，配合转与不转的变化，对方在来不及侧身攻时多以搓过渡，判断不清就容易出高球或下网，削球选手可伺机反攻。

（3）接对方突击时，逢斜变直、逢直变斜。削球选手在接突击时，往往是接过去就算，结果常遭对方连续攻击，最终难免失分。为在被动中争得主动，应采用"逢直变斜、逢斜变直"的战术，使对方不能站在一个固定的位置上击球，增加了连续进攻的难度。

（4）破对方长短球的战术。

1）如对方吊的小球较高，位置也合适，削球手应果断地上前反攻。

2）如对方吊的小球又短又低，很难反攻，可采用摆短、劈两大角或控制一板到对方攻势较弱的地方，不让其起板突击，争取自己抢攻。

3）如果发现对方在有意实施吊小球的战术，可主动削近对方端线的不转长球。这样，对方很难再吊小球，若硬要放小球也很容易出机会球，削球手可上前攻之。

（5）攻、削、挡结合。

1）削、挡结合。①主动运用削、挡结合战术。一般是异线变化。例如，先用削球连逼对方反手大角度，对方侧身拉，再突然上前挡一板至其正手空当，伺机反攻。②被动运用。在对方搓中突击、发抢攻或吊小球后打突击时，皆可在台前挡一板。既可缓解来不及后退削球的燃眉之急，又可变化击球节奏，变被动为主动。

2）拱、挡、削结合，伺机反攻。此战术多为使用长胶球拍的直拍选手采用。在近台，用反手拱斜、直线后，伺机用正、反手抢攻；当对方轻拉时，可轻挡对方两大角（一般多挡至对方反手），对方被迫改搓或轻轻将球托起后，迅速反攻；若对方发力拉时，一般以削球回接，伺机变挡或攻。这种打法在回球的旋转、落点、力量、节奏上皆有变化，所以，往往使对方心里很不踏实。

5. 搓攻战术

搓攻战术，是进攻型打法的辅助战术之一，又是削球打法相互交锋时的主要战术之一。

1）先搓反手大角，再变直线，伺机进攻。先搓主要用来对付反手不擅进攻的选手。先逼住对方反手大角，视其准备侧身攻或将注意力都放到了反手后，就变线至其正手，伺机抢攻。

2）搓转与不转球后，伺机反攻。一般以先搓加转球为主，然后用相似的动作搓不转球，对方不适应或一时不慎就会将球搓高，为自己进攻创造机会。

3）以快搓（或摆短）短球为主，配合劈两大角长球，伺机进攻。短球，特别是加转短球，对方抢攻的难度比较大，但光是短的对方又容易适应，近年来欧洲选手攻台内短球的技术有很大提高，所以，应注意用两大角长球配合。对付进攻型选手（尤其是弧圈球选手）时，应特别讲究搓球的速度和落点，并应尽量少搓，树立搓一板即攻的指导思想。

4）搓中转快攻。①对搓中先拉一板弧圈或小上旋，迫使对方打快攻。②搓中突击：直拍正胶快攻选手，在遇到旋转不特别强烈或位置比较合适的搓球时，应大胆运用搓中突击或快点的技术，由此而转入连续进攻。③搓中变推：遇对方搓过来的不转球（包括长胶、防弧圈球拍搓过来的球），直拍进攻型选手可用推挡对之，由搓变推，转为快攻。

（二）双打战术教学

双打技术是建立在单打技术基础上的，双打应具备的基本技术大多与单打相同。但由于双打比赛在竞赛规则上与单打存在不同，这就使双打在技术上有它独特的地方。下面简单分析主要的双打技巧：

1. 双打的站位

双打中运动员的让位、移动、击球和站位有着密切的联系。站位合理，让位方便，移动迅速，击球效果好，利于发挥每个人的特点。站位不合理，会妨碍同伴击球甚至造成相互冲撞。

（1）发球员及同伴的站位。

1）平行站位，主要为进攻型运动员发球时采用。发球员站位偏右，让出3/4的位置给同伴，并站位近台。

2）前后站位，主要为削攻型运动员发球时采用。发球员站位偏右略前，其同伴站位居中稍后。

（2）接球员及同伴的站位。

1）平行站位，主要为一左一右执拍的进攻型运动员接发球时采用。接球员近台偏右站立，让出 3/4 的位置给同伴控制台面，做好还击的准备。进攻型运动员用反手接发球时，也应以平行站位为宜。

2）前后站位。①进攻型运动员用正手接发球时采用。接球员站于近台偏中位置，以利于正手进攻，其同伴略后错位站立。②削攻型运动员用正手或反手接发球时均应采用。接球员站于中近台偏右位置，其同伴略后错位站立。

2. 双打的步法移动

双打的步法移动次数多，范围大，而且要快速、灵活。其基本要求是：①击球后迅速移位，避免对方打追身球；②位移时不能妨碍同伴击球；③位移后尽量接近击球时最有利的位置。

下面分析常见的双打步法移动路线：

（1）八字形移动路线。左、右手握拍配对的运动员多采用此移动方法。两人击球后均向自己反手一侧斜线移动。

（2）环行移动路线。两名右手执拍的运动员配对时多采用此移动方法。一人击球后顺势向右后方移动，绕到同伴身后，等同伴沿斜线插上击球时，及时调整站位，准备击下一板球。

（3）T 字形移动路线。快攻与削攻打法的配对、快攻与弧圈球打法的配对、两个削攻打法的配对、左推右攻与中远台攻打法的配对多采用此移动方法。其中近台选手多以左右横向移动为主，远台选手多以前后移动为主。

（4）8 字形移动路线。当对方有意识地针对本方某一名选手交叉击打两角时，其移动路线多呈横 8 字形。以上所述的只是双打步法移动的几种基本移动路线，实战中必须根据临场的各种变化和来球情况灵活运用。

3. 双打发球与接发球

（1）双打发球。因为发球区固定，接发球者可以站好位置等待，这对发球提出了更高的要求。发球时，应利用高质量的发球争取直接得分，或控制对方第一板抢攻，使发球有利于自己的同伴进攻。常用的发球方法有以下三个方面：

1）发接近中线的近网短球（以发加转下旋或侧下旋球为主，配合不转球）以控制对方。但接发球者为左手执拍时，应发右边线近网短球。

2）发右侧上（下）旋球迫使对方把球回到球台偏左（或中间）处，以缩小同伴移动击球的范围。

3）发急长球至对方右大角或近中线位，迫使对方移位，增大接球难度，降低其回球质量。

（2）双打接发球。双打接发球所运用的技术跟单打一样，有推、攻、拉、搓、削、点、摆短、撇等。因发球区的限制，接发球是在球台右方1/2的位置上进行的，难度要比单打小，而且需要照顾的范围也小，因而接发球应特别强调积极主动，力争抢攻或为同伴创造抢攻机会。常用的接发球的方法有以下几个方面：

1）抓住时机，直接抢攻或进攻。

2）将球回至对方弱点处，限制其进攻。

3）以打对方右角空当斜线或回近网短球为主，打乱对方位置，造成击球困难。

4）以打追身球和反手斜线为主，结合回近网短球，控制对方，为同伴创造进攻机会。

二、乒乓球运动的战术训练

（一）乒乓球战术一般训练方法

1. 单打战术训练方法

（1）单个战术练习法。以多次比赛的实践为主要依据，将复杂多变的战术简化，总结成规律性的战术，反复练习之。具体应该根据战术的特点进行灵活的变通，切忌生搬硬套。举例说明，对付正手单面强攻者（包括弧圈与快抽），可归纳为先压反手大角，后调正手空当，再压反手的战术。

（2）附加装置练习法。加宽球台。将球台的其中一方改放一个半或两个台面，使台面加宽。该练习方法通常用来练习步法，能够达到增加脚步移动的距离和速度的目的。著名运动员邓亚萍常在多球练习时采用，大大提高了她侧身和扑正手的步法。

升降球网。升球网和降球网的方法应用得好，往往能够取得较为理想的训练效果。

1）降网法。将球网略下降，按既定内容进行练习。该练习方法主要用于练习削球或搓球时，能够达到降低击球弧线高度的目的。

2）升网法。将球网稍升高（约 1 厘米），练习既定内容。该练习方法能够达到增加攻球弧线的弯曲度的目的，因此，对于对攻球弧线过直者来说，其实用价值非常大。

（3）比赛练习法。

1）检查性比赛。可以通过以下两种形式进行检查性比赛的练习：①周末或每堂课后进行比赛，为熟悉全面技术，发现问题，及时纠正。②在小型公开赛或内部比赛中，用教练员规定的技术或战术比赛。

2）紧张性比赛。紧张性比赛的练习方法主要有以下几种，具体可以根据运动员的训练水平和实际情况进行有针对性的选择和运用。①组织有观众观看的比赛，有意邀请运动员的家长或朋友参观，增加运动员的心理负荷。②擂台赛：5~6 人一组，只比赛一局，胜者继续打，败者下台等候轮转再战。③升降台赛：两人一台，数台同时比赛，胜者挪向临近的球台，败者降到另一方向临近的球台，若干时间后，优胜者集中到前两台，失败者集中到后两台。可事先规定，依不同台号顺序决定奖惩。

3）让分比赛。根据比赛目的和双方技术实力，规定一方对另一方让分进行比赛。如从 0：3 开始比赛，从 6：9 开始比赛。该训练方法能够对培养运动员在比分落后时不气馁的顽强作风和运用战术的能力起到积极的促进作用。另外，这种方法还适用于双方实力差距较大的内部比赛中，能够起到督促实力较弱的一队的积极作用。

4）适应性比赛。在进行适应性比赛时，为了能够更好地为正式比赛奠定一定的基础，需要注意以下两个方面：①模拟比赛的规模接近将要举行的比赛，比赛方法、球台、球等皆应与真正的大赛一致。②模拟比赛的环境应与将要举行的比赛的环境接近，如地理、气候等条件。

（4）意念打球。完全按照自己的意念进行练习。想象对手击出各种球，想象自己做出各种相应的快速还击动作。也可仅想象自己做快速手法或步法的练习。这种方法对战术的整体性有一个印象，对于战术的运用非常有帮助。

通过假想各种对手，练习相应的战术打法。脑中想出对手击出各种球，自己做相应的回球动作。这种方法对于提高战术运用的熟练程度非常有效。

将意念与练习有机结合起来。练球时，利用捡球时机（或有意稍停一会儿）回忆动作，然后再练，切忌一味机械式地练习。应回忆正确动作的肌肉感觉，检查击球失误的动作哪里发生了错误，应如何改正。①

2. 双打战术训练方法

乒乓球双打战术的练习方法主要有以下几种，要求根据实际情况和需要进行有针对性的练习，以取得最佳练习效果。

（1）一人对两人的定点训练。一人对两人的定点训练方法如下：

1）定点击球练习。

2）一点打两点，可限制左或右半台区域练习。

3）半台对全台练习。陪练方在左半台或右半台回击到主练方的全台。

（2）两人对两人的定点训练。陪练方两名选手、主练方两名选手的对练。陪练方两名选手可以下方式进行练习：

1）有序对无序。陪练方不受双打击球次序的限制，可任意一人连续击球。

2）一点对两点练习。

3）两点对一点练习。

4）两点对两点练习。

（3）两人对两人的不定点训练。两人对两人的不定点训练方法如下：

1）攻对攻练习。

2）守对攻练习。

---

① 张天羽，周文龙. 乒乓球文化发展与运动教学研究 ［M］. 长春：吉林人民出版社，2021.

（4）发球和发球抢攻的练习。发球和发球抢攻的练习方法主要有以下几种：

1）发球专门练习。要去不断提高发球的质量，增加球路的变化，将球准确地发至规定的落点范围内。

2）发球与抢攻相结合的练习。

3）采用比赛或计分练习，进一步提高发球和发球抢攻的质量。

（5）接发球和接发球抢攻的练习。接发球和接发球抢攻的练习方法主要有以下几种：

1）接发球专门练习。一般采用二人对练的方式，陪练方发球，主练方接发球，将球接至规定的区域内。

2）接发球抢攻专门练习。此练习可采用单人陪练，也可采用双人陪练。

3）采用比赛或计分练习。进一步提高接发球和接发球抢攻的质量。组织专门的接发球抢攻比赛或计分练习。

（6）多球训练。双打中多球训练的方法主要有以下几种：

1）击打目标练习。

2）双打走位练习。练习者轮流在移动中还击，主要任务是练习走位。

3）双人移动中攻下旋练习。

4）双人移动中扑攻练习。

5）双人移动中两面攻练习。练习者在移动中以正手或反手还击。可结合推、攻内容进行练习。

6）接发球练习。大多采用一人发球、一人接发球的方法。要求判断旋转、落点，采用摆短、挑、点等技术接球。

7）搓中突击转连续攻击练习。

8）接长短球练习。

9）正反手削球练习。

10）削中反攻练习。

11）扩大防守练习。

12）轮流发球练习。大多采用单人多球发球，要求旋转、落点、弧线和速度质量俱佳。

13）综合练习。陪练员用各种手法供出不同落点的球。练习者根据来球的不同性能，采用相应的技术还击。

（二）围绕不同训练目的对乒乓球战术训练方法的创新设计

1. 以加强主动进攻、提高速决能力为目的的练习

为加强运动员的主动进攻能力，促进其速决能力的提高，可通过以下几种方法进行练习：

（1）采用单套发球机会进行抢攻和连续扣杀的练习。该练习可促进运动员单套发球技术质量的提高，这对于战术效能的充分发挥是非常有利的。

（2）采用多样发球找机会抢攻和连续扣杀的练习。该练习可促进运动员多样发球的变化能力的提高。

（3）利用单套或多样发球，结合其他战术进行进攻的练习。在发球后，找不到合适的进攻机会影响后面的主动权，通过该练习，可使运动员学会用不同的打法将对方进行控制，从而为之后的进攻创造良好的条件。

（4）竞赛方式。组织发球抢攻比赛，促进运动员实战能力的提高。

2. 以提高变化能力、为进攻创造条件为目的的练习

为促进运动员打法变化能力的提高，同时为进攻创造好的机会，可通过以下两种方法练习：

（1）在单套战术训练中，结合速度、力量旋转变化伺机扣杀的练习。采用该方法进行练习时，要重点利用战术的多变性将对手的节奏打乱，为自己创造好的进攻条件。

（2）在综合战术训练中，结合速度、力量旋转变化伺机扣杀的练习在综合运用战术时，突然结合速度、力量或旋转等多样性的变化，创造更多的进攻或反击条件。

3. 以提高应变能力为目的的练习

为提高乒乓球运动员的快速应变能力，可通过以下三种方法进行练习：

（1）单套战术训练中攻防结合的练习。该练习可促进运动员单套战术中攻防结合能力的提高，从而能够使运动员在应对各种突然变化时具有良好的适

应性。

（2）在对方发球情况下，先防后攻的练习。该练习可提高运动员的防御及应变能力，能够使运动员在比赛中从容应对各种困难。练习时，先用防守回接对方的发球，有目的地把球送到一定位置上，利用对方的进攻来为自己的防御提高难度。

（3）在对方发球情况下，又防又攻的练习。对方主动发球时，运动员攻防结合的能力直接影响防守效果和之后的主动进攻，采用该练习方法可增强运动员的攻防结合能力。

4. 以提高战术质量、培养特长为目的的练习

为培养运动员的特长战术，提高其战术质量，可采用以下两种方法练习：

（1）单套战术的专门练习。该练习可以使运动员全面掌握某一套战术的各种运用方法，并能够高质量地运用这些战术方法。例如，在对攻或拉攻战术中，"攻两角"是一个完整的套系战术，具体包括的方法有双边直线，对角攻击，紧盯左角、突袭右角，紧盯右角、突袭左角，逢斜变直，逢直变斜等几种。在"攻两角"的战术练习中，运动员掌握的方法越多，其在比赛中就越能够随机应变，从而有很多的机会来获得主动。

（2）单套战术提高特长的练习。运动员依据自己的技术特点有针对性地掌握与学习某些战术的具体运用方法，久而久之就能够将其发展成自己的特长，使之变成自己的优势。例如，在"攻两角"战术中，因为不同运动员的技术能力有差异，如一些运动员擅长直线，一些运动员擅长斜线，所以运动员在对各种具体方法有了较为全面掌握的基础上，可以根据自己的技术特点来选用对角攻击或双边直线的方法进行重点练习，使之成为自己的特长和得分的关键部分。

第三节　乒乓球运动的营养与健康训练

乒乓球运动中，运动员训练与比赛成绩不仅会受到其技战术能力的影响，

而且会受到医务监督情况的影响，如营养补充、疲劳恢复以及运动损伤与疾病的治疗等。本章从乒乓球运动的营养补充、疲劳恢复、伤病处理几方面进行研究，从而为运动员参与乒乓球运动训练、比赛等实践活动提供科学的指导。

一、乒乓球运动的营养补充

（一）乒乓球运动员所需的营养素

营养不是专指某一种养分，而是指的一种全面的生理过程。具体来说，人体通过从外界摄取食物，并经过消化、吸收、代谢和利用食物中身体需要的物质来维持生命活动的过程就是所谓的营养。这一生理过程中，从外界获取的食物经过消化、吸收和代谢可以使生命活动得以维持的物质就是营养素。体内的物质代谢过程是生命存在、有机体生长发育、生命活动及各种体力和脑力劳动得以进行的基础与前提，这就要求有机体要通过外界食物来对一定数量的营养素进行不断的摄取。乒乓球运动同样要求运动员从外界不断摄取营养物质来满足自身参与该运动的需要。

目前，已有40多种人体必需营养素被发现，大致可将这些营养素分为六大类，即水、糖类、脂类、维生素、蛋白质以及矿物质。

1. 水

人体维持基本生命活动的必要物质中，水是最为重要的一种。乒乓球运动员应保持体内水的相对平衡，要克服饮水中的不良习惯，如不渴不喝水等。体内能量的产生、体温的调节、营养物质的代谢等都需要每日保持充足的水分供应，这是最为基本的条件之一。特别是在高温季节参与乒乓球运动和较长时间地进行运动时，更应注意水的充分补充。

水的生理功能包括以下几个方面：一是人体对营养物质的吸收、运输以及对废物的排泄都要以水为载体；二是水是构成组织、细胞的必需物质，也是维持组织与细胞外形的必需物质；三是唾液、泪液、关节液、胸腔、腹腔的浆液对组织间经常发生的摩擦具有润滑的作用，可见水具有一定的润滑功能；四是调节体温的功能。

水的主要来源包括直接饮入的液体，食物中含有的水分，体内蛋白质、脂肪和糖经过代谢而产生的水分。

2. 糖类

糖也称"碳水化合物"，这些化合物主要由碳、氢、氧三种元素组成，其中氢和氧的比例等同于氢和氧在水分子中的比例。自然界中存在数量最多、分布范围最广的有机化合物就是糖，其几乎存在于所有的生命机体中。糖又可分为三类，即单糖、双糖和多糖，这是根据分子结构的大小以及糖在水中溶解度的不同而进行的分类。

糖的生理功能包括以下两个方面：一是糖是构成有机体的重要物质；二是糖类在体内最重要的生理功能就是供给能量。

糖的食物来源包括谷类、豆类、薯类。淀粉是糖的主要来源，糖原是它在体内贮存的主要形式。红糖、白糖、砂糖等食糖几乎完全是糖。

3. 脂类

脂肪与类脂总称为脂类，是生物体中非常重要的一种有机物，其化学组成和化学结构的差异很大，不溶于水，但在有机溶剂中可溶解。人们平时常说脂肪，而不说类脂，主要是因为机体对脂肪的需要量以及摄取量比类脂大很多。

脂肪的生理功能包括以下三个方面：一是供给能量；二是保持体温、保护脏器；三是促进脂溶性维生素的吸收以及食欲和饱腹感的增加。

脂肪的食物来源包括油料作物种子、植物油及动物性食物。

4. 维生素

作为一种重要的活性物质与有机物质，维生素能保持人体健康，维持人体生命活动。在提供能量以及身体结构的组成方面，维生素都无法起到任何作用，但它可以调节体内化学反应，维持正常的生长发育和生命活动。脂溶性维生素和水溶性维生素是维生素的两大类别。维生素 A、维生素 D、维生素 E 和维生素 K 属于前者；B 族维生素和维生素 C 属于后者。

5. 蛋白质

在机体构造、组织修补、热量供给、人体生理功能调节等方面，蛋白质发挥着重要的作用。蛋白质以氨基酸为基本组成单位，组成蛋白质的氨基酸约有20 种，不同蛋白质中氨基酸的种类、数量和排列顺序都有差异。

蛋白质的生理功能包括以下三个方面：一是供给能量；二是构成免疫作用的抗体；三是调节身体功能。

蛋白质的食物来源包括谷类、豆类等植物性食物和蛋、奶、瘦肉等动物性食物。

6. 矿物质

人体组织中除碳、氢、氧、氮等主要元素以有机化合物的形式出现外，其余各种元素统称为矿物质（无机盐）。人体的健康与无机盐关系密切，对于青少年而言更是如此，青少年骨骼快速发育，肌肉组织细胞数目不断增加，所以对无机盐的需求也会不断增长。下面对常见的几种矿物质元素进行阐述：

碘：体内合成甲状腺激素中会用到碘，人体从食物中所摄取的碘，主要为甲状腺所利用。海带、海白菜、紫菜、海鱼、虾、蟹、贝类等食物含碘量较高。

钙：促进骨骼和牙齿的生长发育、维护正常的组织兴奋性，特别是神经肌肉的兴奋性是钙的主要营养价值表现。补钙的食物主要有虾皮、鸭蛋、鸡蛋、绿叶菜、奶和奶制品等。

铁：铁是构成血红蛋白的重要成分。补充时，应以动物性食物为主，因为该类食物中的铁吸收好，利用率高。动物肝脏、动物全血、肉类、鱼类等食物含铁较多。黑木耳、海带、菠菜、韭菜等也含有较多的铁元素。

（二）乒乓球运动中的营养消耗

1. 乒乓球运动中水的消耗

乒乓球运动中，运动员机体内水的消耗主要是通过出汗体现的。长时间参与乒乓球运动会导致机体排出大量的汗。另外，运动员的出汗量与气温、热辐射强度、气压、温度、单位时间运动量及饮食中的含盐量等因素有密切的关系。

2. 乒乓球运动中糖的消耗

乒乓球运动中，糖类是热能的一个重要来源，其在人体日常以及乒乓球运动中的利用程度对运动员的耐久力水平具有决定性作用。如果利用程度高，运动员可顺利完成规定的运动强度，获得预期的运动效果。糖类消化起来很容易，不会消耗大量的氧，体内糖类代谢的主要产物以水和二氧化碳为主，乒乓球运动过程中这些产物随时会被排出，如果补充不及时，就会造成供需脱节的现象。如果运动员在没有及时补充的情况下继续进行训练，只能利用体内储备的糖原来满足机体对糖类的需要，从而使体内糖原枯竭，给运动员的生命造成严重威胁。

3. 乒乓球运动中脂肪的消耗

乒乓球运动过程中机体所需热能的主要来源之一就是脂肪。运动员在乒乓球运动过程中对脂肪的利用程度会有显著的提高，特别是在寒冷的条件下进行训练时。运动员体内会消耗大量的脂肪。

4. 乒乓球运动中维生素的消耗

乒乓球运动员在训练过程中体内物质代谢的过程会加快，因而对维生素会有大量的需求。运动员的运动量、机能状态和营养水平等都会影响其对维生素的需要量。长时间进行乒乓球训练可使维生素缺乏症提前发生或症状加重，运动员缺乏维生素时，耐受力就会降低，因此在训练过程中要特别重视对维生素的补充。

5. 乒乓球运动中蛋白质的消耗

运动员在进行乒乓球训练的过程中，器官肥大，酶活性提高，激素调节活跃，因而体内蛋白质的分解和合成代谢会增加，同时消耗的蛋白质也会增加。因为蛋白质食物的特别动力作用强，蛋白过多能使得机体的代谢率提高，从而水分的需要量也会增加。因此，乒乓球运动员在训练中不宜补充大量的蛋白质。

6. 乒乓球运动中矿物质的消耗

运动过程中，体内矿物质和微量元素的代谢发生变化的可能性都存在。运动量大时，尿中钾、磷和氯化钠排出量会减少，但会增加钙的排出量。如果运动员适应了本次训练的运动负荷，那么就会降低体内矿物质的变动。

（三）乒乓球运动中的营养补充

1. 乒乓球运动中营养补充的原则

乒乓球运动员每天会消耗 3000~6000 千卡的热量，因此，对于运动员而言，补充营养很有必要。参与乒乓球运动会使人体能量消耗的增加，因此运动员要全面合理地进行营养补充，这样才能继续在训练与比赛中发挥自身的实力。

乒乓球运动员的营养补充需要遵循以下几个原则：

（1）注意对体内需求量高的营养素进行补充，如蛋白质、碳水化合物、维生素、矿物质等。

（2）乒乓球运动员补充营养素要注意比例问题，一般来说，补充碳水化合物、蛋白质、脂肪时，按照4∶1∶1的比例比较适合。根据运动强度与训练内容的不同，可适当调整这个比例。

（3）长时间参加乒乓球运动训练，注意多补充水和能量物质。

（4）饮水和进食时间要合理安排好。

（5）补充对提高抗过氧化物和增强免疫力有效的营养品。

（6）运动后对于能够促进恢复的营养品应及时补充。

2. 乒乓球运动中营养补充的方法

（1）水的补充。

1）运动前水的补充。乒乓球运动员在参加训练活动前，需补充含一定电解质和糖的饮料，应根据具体情况决定补充量。一般在运动前2小时饮用含电解质和糖的运动饮料的量为400~600毫升。注意补充时要少量多次，每次补充饮料量以100~200毫升为宜。

2）运动中水的补充。乒乓球运动训练中，运动员大量出汗，为预防脱水，在运动中补液非常必要。运动中补液以少量多次为基本准则，每隔15~20分钟补充150~300毫升含糖和电解质的运动饮料较为适宜。

3）运动后水的补充。乒乓球运动训练中，运动员补充的液体量往往比体内消耗的水分少，所以要注意在运动后及时补液。运动后补充含有糖和电解质的运动饮料仍是运动后补液的首选。运动后补充含糖和电解质的饮料时，注意含糖量以5%~10%为宜，钠盐含量以30~40毫摩尔/升为宜。

（2）糖的补充。乒乓球运动员在训练过程中应以运动需要和机体状态为依据来合理补糖。

1）运动前糖的补充。参与乒乓球运动训练前几天可增加对糖类食物的补充，运动前1~4小时每千克体重适宜补充1~5克的糖。运动前30~90分钟内尽量避免补糖，否则运动中会导致血中胰岛素升高。

2）运动中糖的补充。乒乓球运动员在训练过程中每隔20分钟左右需补充含糖饮料或好吸收的含糖类食物，每小时的补糖量控制在20~60克，少量多次是运动员补充含糖饮料的首要原则。

3）运动后糖的补充。运动后6小时以内，肌肉中糖原合成酶活性高，可有效地促进糖原的合成，因此在长时间的训练后，乒乓球运动员补糖的时间越早就越能取得良好的效果。运动后即刻补糖、运动后2小时内补糖、每隔1~2小时连续补糖都是合理的补糖方法。

（3）维生素的补充。长时间的乒乓球训练后，水溶性维生素会通过汗、尿大量丢失。此外，训练过程中线粒体的数量和体积都会增大，酶和功能蛋白质数量会增多，参与这些物质更新的维生素的需要量也在不断增加。乒乓球运动员长时间进行训练，机体能量消耗大量增加，物质能量代谢过程则会加速，同时各组织的更新也会加快，因为会增加维生素的消耗与利用，对此，乒乓球运动员要对维生素进行及时且充分的补充。

1）维生素A的补充。作为眼视网膜中视紫质的原料之一，维生素A能够防止角膜上皮角质化。因此，乒乓球运动员为了在训练中准确判断来球路线，需对维生素A进行充分的补充。

2）维生素B1的补充。维生素B1是糖代谢中丙酮酸等氧化脱羧酶所必需的辅酶的组成成分，并密切关系着神经递质乙酰胆碱的合成与分解。维生素B1如果缺乏，运动后的丙酮酸及乳酸堆积，机体就容易疲劳，乳酸脱氢酶活力会因此而减低，心脏和骨骼肌的功能就会受到影响，因此，乒乓球运动员要注意在训练过程中及时补充维生素B1。

3）维生素B2的补充。体内多种呼吸酶的构成辅酶中，维生素B2是重要的成分，体内的氧化还原反应和细胞呼吸都与维生素B2有关。如果乒乓球运动员缺乏维生素B2，肌肉变得无力，耐久力会下降，疲劳短时间就会出现，所以要注意及时补充维生素B2。

4）维生素B12的补充。维生素B12是一组含钴的钴胺素生理活性物质；参与同型半胱氨酸甲基化转变为蛋氨酸和甲基丙氨酸——琥珀酸异构化过程。在细胞的核酸代谢中，维生素B12参与其中，而且机体的造血过程也与维生素

B12 有关。当乒乓球运动员缺乏维生素 B12 时，血红蛋白浓度下降、细胞的平均容量增加，巨幼红细胞贫血现象就有可能出现，因而氧的运输能力就会下降，最大有氧能力和亚极量运动能力都会受到影响，还有可能引起神经系统损害。因此，乒乓球运动员要注意多补充维生素 B12。

5）维生素 C 的补充。乒乓球运动员在参与训练的过程中，机体的维生素 C 代谢不断加强，运动后血液维生素 C 的含量短时间内就有升高的迹象，但长时间运动后血液维生素 C 的含量会下降。在不同运动负荷的训练中，不论血中维生素量如何变化，组织维生素 C 都会有减少的迹象。当运动中机体内维生素 C 含量不足时，白细胞的吞噬功能就会受到影响。乒乓球运动员长时间参与运动训练，血液维生素 C 的含量和白细胞吞噬功能都会有所下降。因此，为了保持耐力水平，避免疲劳的出现，乒乓球运动员应注意合理补充维生素 C。

6）维生素 E 的补充。维生素 E 具有抗氧化作用，有促进蛋白质的合成和防止肌肉萎缩等生物学作用，可促进运动员力量素质的提高，因此乒乓球运动员在运动前和运动过程中应注意对维生素 E 的补充。

（4）蛋白质的补充。乒乓球运动员每日每千克体重的蛋白质需要量是 1.0~1.8 克。随着运动员运动水平的提高，机体对蛋白质的需要量就会进一步增加。连续数天参与大负荷的乒乓球训练时，运动员每日每千克体重补充蛋白质的量也应适当增加，如果身体仍出现负氮平衡现象，说明体内蛋白质的分解要比补充的量多。为了使身体保持正氮平衡状态，运动员要根据具体情况适当增加蛋白质的补充量。长时间参与乒乓球运动训练的运动员应选择优质蛋白的食物以满足机体对蛋白质的需要。

（5）矿物质的补充。

1）铜的补充。乒乓球运动中运动员补充铜可提高和动员机体内铁的运输，防止运动性贫血现象的发生。

2）钾的补充。乒乓球运动训练过程中补钾可使体内的生长素水平迅速恢复。

3）铁的补充。乒乓球运动员参加长时间的运动训练时，铁丢失严重，机体对铁的需求量不断增加，再加上补充量不足，因而铁营养状况不良现象普遍存在。因此，运动员在膳食安排中应加强补充铁营养。

4）锌的补充。乒乓球运动员的运动能力与锌有着非常密切的关系，锌也是多种酶的组成成分和激活剂，能对体内各种代谢进行调节。乒乓球运动员要注意在运动训练过程中对该矿物质元素的补充。

5）硒的补充。硒与乒乓球运动员运动能力之间的关系也很密切。硒是谷胱甘肽过氧化物酶的辅助因子，具有消除过氧化物、增强维生素 E 的抗氧化能力等作用，在进行长时间大负荷的乒乓球训练时，运动员摄入硒的总量应较平时有所增加，每天补充 200 微克比较合理。

二、乒乓球运动的疲劳恢复

（一）乒乓球运动疲劳的含义

遗传、科学训练、生理、心理、健康、生物力学以及营养等因素都会决定人的运动能力。在运动过程中，人体经历一次性强力负荷或持续运动负荷后，靠应力集中的关节、骨骼、韧带等运动器官和与之有密切关系的脏器的调节功能下降、能量不足等所引起的运动负荷器官功能下降、感觉不适、能量缺乏和代谢产物堆积等一系列现象，称为疲劳。

人体在运动过程中，随着运动时间的延长，运动能力逐渐下降，主观上也出现疲劳感，这种由运动引起的疲劳称为运动性疲劳。运动疲劳是运动训练中的一种常见现象。

（二）乒乓球运动疲劳程度的评定

运动训练中疲劳程度的评定方法如下：

1. 轻度疲劳

自我感觉无任何不舒服；面色稍红；排汗量不多；呼吸中等加快；动作步态较稳。

2. 中度疲劳

自我感觉疲乏、腿疼、心悸；面色很红；排汗量很多，特别是肩带部位；呼吸显著加快；动作步伐摇摆不定。

3. 重度疲劳

自我感觉除疲乏、腿疼和心悸外，还有头痛、胸痛和恶心等症状；面色非常红甚至苍白，有时还呈紫色；排汗量非常多，尤其是整个躯干部分；呼吸显著加快，而且是浅表呼吸；动作摇摆现象显著，行进容易掉队，动作出现不协调现象。

（三）乒乓球运动中疲劳的恢复

1. 乒乓球运动中疲劳恢复的途径

乒乓球运动员参与长时间、大强度的训练难免会出现疲劳现象。乒乓球运动中疲劳的恢复途径有以下三种：

（1）肌肉放松。乒乓球运动员通过洗浴、整理活动、按摩、理疗、睡眠等途径可以放松肌肉，对肌肉的血液循环进行改善，促进机体新陈代谢，从而达到消除疲劳的目的。

（2）补充营养。乒乓球运动员对运动中机体所消耗的物质及时进行补充，可以达到疲劳的消除效果。

（3）心理调节。心理调节对于乒乓球运动员而言，是一种非常积极有效的解除疲劳的途径。由于人的身心是一个统一体，两者密切联系，因此保持情绪的积极向上、乐观愉快可以使疲劳快速消除，从而大幅缩短疲劳的过程。所以，当乒乓球运动员在训练后感到疲劳时，可通过心理调节来保持情绪的积极状态，从而促进疲劳的恢复。

2. 乒乓球运动中疲劳恢复的方法

（1）自我调节法。在心理疗法中，自我调节法是一种非常有效的疲劳恢复手段。乒乓球运动员采取这一手段来消除疲劳时，应注意以下几点。

首先，全面提高自身的素质，文化素质的提高尤其重要，运动员要时刻保持良好的心态（宽容、大度、积极），从而促进心理的平衡和心情的放松与舒畅，这样能够延缓运动中疲劳发生的时间。

其次，训练后要注意休息。休息并不是要求运动员只简单地睡觉而完全不活动，这里的休息指的是散步、放松游泳、下棋等可以有效调节精神和躯体的活动，通过这些活动来彻底放松身心。

最后，运动员要维持有规律的日常生活，对训练与生活时间进行合理安排，有张有弛，劳逸结合，对待任何事物都不可凭一时冲动来进行。

（2）身心放松法。特定的身心放松方法能够使运动员紧张和焦虑的意识减弱，从而促进其抗疲劳能力的提高。乒乓球运动员采用身心放松法来消除疲劳时，应按照以下步骤进行：

1）对空气清新、幽静的环境进行选择。

2）将心中所有事物都暂时有意识地放下或忘记。

3）选择站、坐、躺等自我感觉舒适的姿势。

4）活动大关节与肌肉，活动姿势不需要规范或固定，但要维持均匀、缓慢的速度，直至完全放开关节，肌肉完全放松即可。

5）保持自然、流畅的呼吸，意识尽可能不支配呼吸，在安逸自得中忘掉呼吸的境界。

6）放松意识，注意力保持集中，把意念归于某一对象或有意识地注意放松到整个身体，从而达到一种清静的清醒状态。对美好的事情进行想象，从而达到忘我的境界，这是对身心平衡进行调节、消除疲劳的重点。

（3）音乐疗法。音乐与人的生活有密切的关系，它可以通过心理作用对人的情绪产生影响，陶冶性情，从而实现疲劳消除和精神振奋的效果。优美动听的音乐可以使人保持舒畅的心情，使人从中得到美的享受，保持情绪的松弛。轻缓抒情的音乐对于疲劳的消除十分有效。

第四节　乒乓球运动的心理保健与训练

一、乒乓球运动中心理训练的意义与作用

（一）乒乓球运动中心理训练的意义

心理训练是现代运动训练的重要组成部分，它同身体训练、技术训练和战术训练一起构成了现代运动训练的完整体系。心理训练是有意识、有目的地对运动员的心理过程和个性心理特征施加影响的过程，使运动员专项运动所需要

的心理素质不断增强与提高，以利于运动员在训练和比赛中充分发挥技战术水平，取得优异成绩。

运动员的心理状态直接影响其身体能力，以及技术和战术水平的发挥，在高水平的竞技比赛中表现得尤为突出。具备良好心理品质的运动员在不利情况下超常发挥体能、技战术而转变赛场上的不利局面，最终取得比赛胜利的事例屡见不鲜。同时也存在在比赛极为有利的局面下，由于心理方面出了问题，思想上患得患失，导致注意力不集中、技术动作变形、肌肉发僵、失误增多等现象，最终痛失大好局面。因此为了在比赛中充分发挥自己的技战术水平，既要有良好的身体素质为基础，又要有良好的心理品质作保证。[①]

（二）乒乓球运动中心理训练的作用

心理训练的作用主要在于促进运动员心理过程的不断完善，形成专项运动所需要的良好个性心理特征，获得较高水平的心理能量储备，使其心理状态适应训练和比赛的要求，为提高技战术水平及获得最佳竞技状态，创造优异成绩，奠定良好的心理基础。具体地说，有以下三个方面的作用：

1. 有利于消除心理的障碍

心理训练的作用，不仅限于对心理活动能力提高或降低的调节，它还有消除和治疗某些以往形成的心理障碍的作用。在训练和比赛中，由于技术失常、比赛失败，往往会造成心理上的障碍。如临场情绪过敏、动机不足、运动感迟钝等。对此，一般需要采用专门心理恢复和治疗手段，不能用身体训练和技术训练的方法代替，不能单纯依靠自然恢复，心理方面存在的问题，要用心理学的方法去克服。

2. 提高心理活动的水平

心理状态是训练者在练习和比赛中控制自己的心理活动和技术动作的主要因素。心理活动水平低，就难以对生理活动和技术动作进行有效的控制。在这种情况下，尽管具有较好的身体素质和较高水平的技术，也不能使其充分发挥理想的水平，甚至有明显失常状态的发生。不适宜的心理状态容易使人产生心

---

① 张天羽，周文龙. 乒乓球文化发展与运动教学研究［M］. 长春：吉林人民出版社，2021.

理紧张，导致肌肉动作缺乏准确性，动作变形，影响技术的正常发挥。为此，必须用心理训练的方法，提高心理活动水平，使其具有较高水平的自我控制能力。

3. 提高心理活动的强度

在训练和比赛中，运动员要具有一定的心理活动强度。强度不足，无法实现对技术动作的主导作用，但这种心理活动的强度要适宜，否则对技术动作的调节易造成失误。运动技术动作的完成，要求身心力量平衡，身心任何一方没有达到适宜的需要，都会使身心平衡状态不能达到最佳，导致技术动作的变形，影响训练和比赛的效果。通过心理训练可使其维持好身心力量的平衡，获得最佳的竞技状态。

二、乒乓球运动中心理训练的主要内容

乒乓球运动属于以技能为主导，技能、体能、智能相结合的项目。它具有球体小而轻、速度快、旋转变化多、精确度高、技巧性强、对抗性强等特点，比赛气氛紧张激烈，比赛对手的打法各不相同，比赛中比分变化难以预料。为了在比赛时能发挥出运动员身体、技战术方面的优势，要求乒乓球运动员具有积极而稳定的情绪、勇敢顽强的意志、机智果断的品质和较高水平的自我控制能力，才能适应专项训练和比赛的需要。心理训练的效果是要通过长期的、有针对性的训练才能取得。心理训练是一个长期的任务，要贯彻到日常生活中，不要局限在运动场上。生活中训练和在比赛中训练是相辅相成的，只注重临场的心理训练而忽视日常生活中的心理训练，不利于训练效果的巩固，而且会受到日常心理习惯的抵制，使心理训练不能取得预期的效果。概括而言，心理训练的内容应从以下几个方面着手：

（一）坚强的意志品质

意志是人为了实现确定的目标而支配自己的行动，并在行动时自觉克服困难的心理过程。意志品质是在意志行动的各个阶段所表现出的稳定的行为特征。乒乓球运动员在训练和比赛中总是面临极大的困难和挑战，为了创造优异运动成绩、争荣誉、夺金牌，运动员要面对各种压力，这就要求运动员特别注

意培养良好的意志品质、提高训练的自觉性、解决问题的果断性、培养坚忍不拔的毅力。良好的意志品质只有经过长期训练和比赛的磨炼才能形成。

（二）精确的运动知觉

乒乓球运动员应具有精确的运动知觉，具有准确控制各种动作和空间定向的能力。击球时的拍形、击球点、用力的大小，以及步法的移动，都需要运动员有准确的控制能力。经过长期的训练和比赛得以发展提高，形成良好的"球感""时间感"，具体体现在可以非常精确地感受来球的方向、速度、旋转。凭借这种感知觉，精确协调地发挥自己的技术动作，对来球有良好的控制。运动心理学称之为专门化知觉过程，这对乒乓球专项运动员有非常重要的意义。

（三）注意力的稳定性与转移能力

注意力是人的心理活动的指向性和集中性。人们能把注意力持久地指向和集中于同一事物，这就是注意力的稳定性。由于乒乓球比赛的攻防变化节奏非常快，对运动员集中注意力的要求很高，不仅把注意力集中在观察、判断对手的动作及来球的速度、方向、旋转上，而且还应合理分配和转移自己的注意力，才能不被赛场的突发情况、观众的情绪以及裁判的行为所干扰，适应乒乓球比赛场上瞬息万变的情况。运动员应善于把自己的心理活动有意识地集中注意在某一事物上，并且可以转移并集中于当时所应指向和集中的另一事物上。

（四）良好的思维敏捷性与灵活性

思维的敏捷性和灵活性，表现为对面临问题能够做出迅速反应，并根据情况的变化能做出及时的调整。乒乓球比赛攻防节奏快，旋转变化多，运动员要善于分析对手的心理和技战术特点，要善于动脑筋打球，做到扬长避短、有的放矢。在仔细观察和敏捷思维的基础上，及时做出战术决策，否则很难应对比赛的情况，无法取得比赛的主动。乒乓球比赛瞬息万变，当对手改变打法时，要善于摆脱先前建立的那些联系，尽快适应对手的变化，这种迅速地思维活动就是思维的灵活性，通常称为"应变能力"。运动员的快速应变能力取决于训练过程中培养的战术素养。通过对战术的灵活运用把自己的意图付诸实施，牢牢控制比赛的主动权。①

（五）稳定的情绪与控制能力

情绪是人对客观事物的一种反应形式，是人对客观事物是否符合自己所需要的态度的体验。情绪是一种心理行为，是由环境的特异变化引起的。人在运动中表现出的情绪状态会直接影响技术水平的发挥，乒乓球运动员在训练和比赛中应具备乐观积极的心境，强烈的热情和激情，这是鼓励运动员积极行动的动力。有助于激发人的求胜心理和斗志，调动潜在的能力，提高效率。乒乓球比赛变化多，对于场上出现的突发情况，运动员要有良好的应激能力，避免不利因素的干扰，即刻做出准确的应答动作，而稳定的情绪和控制能力，有利于振奋精神，提高运动能力，创造优异成绩。

三、乒乓球运动中常用的心理训练方法

运动员的心理训练，是指训练运动员为完成专项运动所需要的心理因素得到稳定的加强和提高，并学会调节心理状态的各种方法，控制好比赛前和比赛时的心理活动，最大限度地发挥运动员的技战术水平。由于每一名运动员的个性心理特点不同，训练中要根据运动员的不同特点，采用相适应的训练方法和手段区别对待，才能达到良好的训练效果。心理训练不能只局限在训练和竞赛中，还应渗透到日常生活中去。

（一）模拟训练

模拟训练就是针对比赛中可能出现的情况进行反复练习，为运动员参加比赛做好适应性准备。这种训练的前提条件是必须对比赛的对手、环境等方面有充分的了解，做出正确的判断与分析。然后，有针对性地训练，提高运动员临场比赛时的适应能力，在头脑中建立合理的动力定型结构，以便使技战术在千变万化的情况下得到正常发挥。如果缺乏这方面训练，运动员对赛场上突如其来的意外情况缺乏必要的心理准备，可能导致技战术不能充分发挥，甚至造成比赛中失常的现象发生。

---

① 张钰晨. 乒乓球运动的多元发展与教学训练创新研究［M］. 北京：九州出版社，2019.

乒乓球模拟训练所包含的内容很广,应根据比赛的实际情况和运动员的特点来确定。如提高身体负荷水平的超量模拟训练;提高技战术水平的克服各种障碍的模拟训练;提高心理负荷水平的对手特点的模拟训练;反败为胜的模拟训练;裁判偏袒对方的模拟训练和观众情绪影响的模拟训练等。模拟训练的具体方法有以下三个方面:

(1)模拟对手特点。根据收集到比赛对手的情报,进行专门模拟比赛对手的技战术打法、比赛风格等特点,或专和与对手打法特点相似的队员进行练习。通过模拟,了解和适应比赛对手的情况,使其做到知己知彼,心中有数,增强获胜信心。

(2)模拟可能出现的赛场局面。在高水平的比赛中,场上情况变幻莫测,意想不到的情况经常发生,这就需要参赛者有对突发局势变化的应对能力。乒乓球比赛 11 分制规则的改革,使比赛的节奏明显加快,提高了比赛的激烈程度,对比分情况要有良好的心态,无论领先或是落后,都要发挥出应有的技战术水平。训练中可模拟各种比分时的形势,或裁判员有意出现错误判罚,改变赛场局势。通过这种方法,可锻炼运动员比赛时的稳定情绪和随机应变能力。

(3)模拟赛场气氛。比赛时,赛场上的热烈气氛容易分散参赛者的注意力,产生紧张情绪,因此训练时可模拟这种环境,营造一个非常热烈的气氛。例如,可组织观众观看比赛,加油呐喊;或采用放观众噪声录音的形式,尽量接近竞赛时的实际情况,提高运动员的适应能力。

(二)动机训练

动机是推动学习和训练的内部动力,是激励人们从事活动的主观动因。运动员必须在良好的动机支持下发展专项运动的稳定兴趣和能力。一个人对训练和比赛具有强烈的动机,就会勇于克服困难去争取胜利。

帮助运动员形成正确动机可以采取说服动员的方法。在进行训练和比赛之前,通过言语分析,帮助运动员认识有利的客观条件和自身潜力,这种说服动员方法,如果使用得当,具有针对性,可以收到较好的效果。采用言语说服动员的方法,要求谈话者具有权威性,论据充分符合实际,如此才能起到鼓励作用。除此之外,战绩回忆也经常用于动机训练中。有些人缺乏运动动机,是由于过多地想到了自身的不利方面，忽视有利因素的结果。对此，单纯采用说服动员的方法不一定能改变动机状态，战绩回忆是一种独特的动机训练方法。

战绩回忆的具体做法是让被训者处于自我放松的状态，在恢复身心力量的基础上，诱导他回忆自己最佳的运动训练和比赛的情景。回忆战胜对手的比赛情景，重视积极的情感体验，对训练或比赛能起到推动作用，能提高运动员的活动能力和效果。被训者可以在表象追忆中重新认识到自己有利的身体、技术、心理素质的优势，从优势中找到潜在的力量，使暂时被失利因素压抑的心理力量唤发出来，达到增强运动动机，提高信心的目的。

（三）表象训练

表象训练是指有意识地在自己的头脑中重现已经形成的动作表象。良好的表象训练可使运动员原有的暂时神经联系恢复，形成精确的运动知觉，提高动作的熟练程度，有利于建立和巩固正确动作的动力定型，减少运动员的各种焦虑，克服心理障碍，增强自信心。

为了提高运动技术水平，加强运动表象、想象和思维等在技术动作形成中的作用，可以采用回忆技术动作的表象训练方法，这一心理训练方法的主要特点是：回忆学过的技术动作形象，使技术动作的主要部位在表象中出现，以便根据动作表象进行技术动作练习。在此基础上，进一步形成技术动作的概念，加深对技术动作的理解和掌握。在平时的训练中，教练员应该要求运动员经常注意体会自己成功运用某一技术、战术的各种感觉，包括动作结构、要领、关键及细节部分等。例如，在还击来球时，位置的选择、击球时身体各部分发力时间顺序和肌肉感觉等。经常要求运动员重视回击各种来球的肌肉感觉表象，有利于尽快形成各种熟练的动作技巧，并能在比赛中得到正常发挥。表象训练在运动训练中，是体脑结合的科学训练方法，也是一种自我训练方法，对提高技战术水平能起到重要的作用。

（四）意志训练

意志训练是运动训练中有目的地使运动员克服各种困难，调节运动员的心理状态，使其去从事达到预定目的的活动。培养意志品质，主要是通过克服运动实践中本身的困难和教练员有意出的难题进行的。在克服困难的训练中，可以参考以下方法：

（1）鼓励法。表扬本队意志坚毅的队员，宣传乒乓球界依靠意志顽强战胜对手的事例，激励队员去学习、仿效，从而培养队员不畏困难、勇攀高峰的意志。

（2）诱导法。激发和诱导运动员对某种训练手段的兴趣，并与提高运动员的事业心和责任感结合起来，让运动员在参加训练实践中得到意志的培养。

（3）刺激法。通过科学的大运动量训练，使运动员能承受大强度、大密度、大难度的考验，以增强克服困难的勇气和信心。特别是在疲劳的状态下进行这种训练，对运动员的意志品质培养有积极的促进作用。

（4）强制法。教练员的命令、训练规定要求及竞赛规程中的规定等内容，不管运动员乐意不乐意，运动员必须保质保量地完成。运动员在从事和完成这些活动的过程中逐步培养顽强的意志。

在对运动员进行意志训练的过程中，关键的还是运动员主观对意志力自我培养的自觉性。只有运动员具有了培养意志的要求和愿望，才能收到良好的训练效果。

（五）心理调节训练

在运动训练和比赛中，运动员常因受到各种环境条件的影响，而导致心理活动发生异常变化。例如，当乒乓球比赛打到关键比分或关键局时，赛场气氛的变化、对手的情况、观众的情绪，都可能给运动员的心理活动带来一定的影响，影响他们对技术动作的有效控制。这就需要运动员学会进行心理调节适应，以便排除由于比赛的环境条件变化而引起的异常心理变化。对于训练或比赛中出现的各种情况，可以采用各种不同的暗示方法进行有效的心理调节，即在事先建立一种积极的想法去代替可能产生的消极想法，使运动员把全部注意力都集中在自己的战术行动上，从而排除来自主客观的各种干扰，促进运动员技术、战术水平的发挥。当训练或比赛出现对自己不利局面引起心理波动时，要学会利用规则，控制好比赛的节奏，并在恰当的时机利用暂停机会，与教练员一起分析双方技战术发挥情况，扬长避短，稳定自己的情绪，减轻急躁情绪和焦虑，调整好心理状态，使比赛局势朝有利的方向转变。心理调节训练主要是建立一种战胜对手的信念，用一种积极展望前景的思维去代替消极思维。但是，这种"信念"和"前景"的展望不能脱离主观实际，过高或过低的展望都会产生不良的影响。调整的方法更多的是以内部激励语言的形式表现出来。所以，平时应根据训练或比赛中可能出现的情况，合理使用，反复训练，就可以在训练和比赛中取得积极的效果。

第七章　乒乓球运动的教学创新

乒乓球教学的改革与创新直接关系到乒乓球教学的整体质量，教学理念、教学方法、教学模式是乒乓球教学的重要组成部分，加强对这些教学因素的创新，能够有效优化乒乓球教学体系，提高乒乓球教学的科学化水平，从而通过科学创新的乒乓球教学更好地促进学生的全面发展。本章主要就乒乓球运动教学的创新发展进行研究，主要从乒乓球教学理念创新、教学方法创新以及教学模式创新三个方面展开。

第一节　乒乓球运动教学的理念创新

教学理念是指教师在长期的教学实践中经过理性思考和客观总结而形成的一种教学思想与观念。在乒乓球教学过程中教学新理念起着积极的引导作用，有利于提高乒乓球的教学效果。如果一味沿用旧理念，则会阻碍与制约乒乓球教学事业的发展，并影响乒乓球运动的进一步发展。在我国体育教学改革不断深入的过程中，乒乓球运动教学的发展取得了显著成效，这同时也要求教学管理者和体育教师要以现代化乒乓球教学的实际情况为依据，充分借鉴先进的教学思想，总结与思考针对乒乓球教学的新教学理念，从而适应体育教学深入改革的要求。下面重点阐析乒乓球运动教学的几种新理念：

一、健康教育理念

我国党和政府提倡学校教育要树立"健康第一"的指导思想，要在学校体育中全面承担起增强学生体质，促进学生健康的职责。学校积极响应号召，在体育教学中确立了"健康第一"的指导思想。促进学生的健康是学校体育教学的根本目标，也是最终目标。学校开展体育教学，必须以提高学生的健康水平为前提。

21 世纪的今天，社会的可持续发展是建立在青少年健康体质基础上的。所以，在学校体育教学活动中，教师要对学生的健康给予高度的重视。乒乓球作为体育教学的重要内容之一，自然也要树立"健康第一"的教学理念。这就要求教师在设置乒乓球教学的课程结构时，不仅要将乒乓球的基础知识、技能、情感及行为等融入其中，而且还要融入生理、心理、营养、运动、安全等相关学科知识，从而培养学生的健康意识，引导学生养成自觉锻炼的习惯，最终达到促进学生健康发展的目标。

二、快乐教学理念

教师在组织乒乓球教学活动的过程中，要深入开发与挖掘乒乓球运动的快乐元素，从而使学生在学习乒乓球的过程中获得快乐与享受，这就是快乐教学理念。现代体育教学中，快乐教学是一个非常重要的教学理念。贯彻快乐教学的指导思想与理念，就要以情感为着眼点，以"寓教于乐"为根本，使学生在参与乒乓球运动的过程中热爱乒乓球，深入体验乒乓球运动的乐趣，并将乒乓球运动作为自己终身体育锻炼的重要内容之一，从而长期坚持参与乒乓球锻炼，这是快乐体育理念的根本目的。在乒乓球教学过程中贯彻快乐教学理念需从以下三方面着手：

（1）使学生通过参与乒乓球运动学练增强体质，并从中感受快乐，这是快乐教育的基础。

（2）使学生通过参与乒乓球竞赛而获取刺激与兴奋，体验成功的乐趣，进而提高其对乒乓球运动的参与积极性，这是快乐体育的心理体验。

（3）使学生在参与乒乓球活动的过程中学会尊重与理解对手，并从竞争与协作中感受快乐，这是快乐体育的社会体验。

三、成功教学理念

时代进步与社会发展对 21 世纪新兴人才的素质提出了越来越高的要求。为了适应社会发展的需要，有关学者总结了一套成功体育教学理念，在这一理念指导下教育学生，能够促进学生社会适应力的增强，实现全面化发展。乒乓球教学中贯彻这一新理念能够促进学生的全面发展。

成功教学理念作为冲破传统体育教学思想束缚的重要突破口，它的建立是进行乒乓球教学改革的创新性尝试。尤其是在新课程改革与发展的环境中，通过新理念的建立与贯彻来实现由"应试教育"向"素质教育"的转变是非常有必要的。成功教学理念面向的主要对象是全体师生。

四、合作教学理念

在体育教学过程中，由于学生的主体性没有得到充分的重视，所以形成了体育教师单向教学的习惯，师生之间的人际关系也不够密切，这严重影响了教学的效果。鉴于此，有关学者提出了合作教育的理念。提出这一教育理念的目的是塑造新型的师生关系，以充实教育理论的不足。合作教育理念是现代社会进步和科技发展背景下的必然产物，对提高体育运动教学效果具有积极意义。

在现代乒乓球运动教学过程中，为了更好地、更为恰当地处理师生之间的关系，要在合作教育理念的指导下对传统的师生关系进行改革，主张建立平等和谐健康的师生关系。贯彻这一教育理念，要求在乒乓球教学过程中将学生作为教学的中心与主体，体育教师发挥自身的主导作用，教师的主导作用与学生的主体作用是相辅相成的关系。在合作教育理念下，教师不能对学生的学习行为进行强制性命令，而是要发挥引导作用，引导学生主动进行乒乓球训练与学习。与此同时，在乒乓球教学过程中，体育教师要对学生的价值、尊严以及人格予以充分的尊重，鼓励学生充分发挥自身的潜能、发扬自己的个性。另外，体育教师的关键作用在教学过程中也是不能忽略的，体育教师要善于创造民主、和谐、平等的课堂环境，善于引导学生之间的合作学习，以此来提高学生的学习兴趣与能力。[①]

五、创新教学理念

现代社会各方各面都开始向着多元化的方向与趋势发展，随着社会的不断发展与进步，各方面如果没有进步的表现就是一种退步。因此，在乒乓球教学过程中，要对创新教学这一新理念进行深入的研究与贯彻，这也是推动乒乓球教学发展的重要手段。贯彻这一理念，可以使乒乓球教学走在时代教育的前沿。当前，世界各国都十分重视在学校教学中贯彻创新教育的理念，在这一理念的指导下培养创新型人才具有重要意义。创新教学理念重点突出了对学生创造性与创新能力进行培养的特点，因此在乒乓球运动教学贯彻这一理念需要以培养学生的创造性为主，并鼓励学生充分发挥自身的个性与创造精神。

第二节　乒乓球运动教学的方法创新

随着体育教学的深入改革与不断创新，许多新的教学方法被创造和设计，并在实践教学中取得了良好的运用效果，有效提高了体育教学的水平与质量。在乒乓球教学中，为了取得更好的教学效果，应该结合乒乓球运动的特点而合理运用创新性的体育教学方法。下面主要分析几种适合在乒乓球教学中运用的创新性教学方法：

一、程序教学法

（一）程序教学法概述

程序教学法指的是教师根据技战术的要求，先采用系统方法将技术编制成

---

① 张钰晨．乒乓球运动的多元发展与教学训练创新研究［M］．北京：九州出版社，2019.

若干步子，然后要求学生先学习前一步的技术，等达到规定的技术标准后，再学习下一步的技术，最终高质量地完成技术教学任务。

有学者根据程序教学法的要求，编制了乒乓球基本技术的教学程序（见表7-1）。

表7-1 乒乓球技术教学程序

序号	基本内容	辅助练习	发球	步法	达标
1	握拍和基本姿势	熟识球性			一次课完成
2	平挡球	熟识球性	平挡发球	单步	一个回合20板
3	推挡球	熟识球性		跨步	一个回合20板（斜线）
4	正手快抽	徒手练习	正手发上旋球	跳步	同推挡球
5	左推右攻	徒手练习	反手发上旋急球	跨跳结合	一个回合左右结合10组
6	搓球	徒手练习	发下旋球		一个回合20板
7	正手拉球	徒手练习		侧身步	多球1分钟20板
8	正手扣球	徒手练习	发侧旋球	交叉步	板数同拉球
9	搓、拉、扣结合	徒手练习			多球1分钟10组
10	发球与接发球	徒手练习	侧上、下旋与长短球		一次课完成
11	全面练习	徒手练习			两次课
12	计分比赛	徒手练习			一次课

上述乒乓球技术的教学程序能够为教师和学生循序渐进地教与学提供指导。从系统论的角度来看，采用乒乓球程序教学法进行授课的具体操作程序如图7-1所示。

乒乓球程序教学法具有以下几个基本特点：

（1）按系统方法安排教学程序，有助于循序渐进地实施教学内容，使学生由浅入深、由易到难地学习与掌握乒乓球技术，学生在这个过程中也可以了解自己的学习进度和与预期学习目标的差距，从而更有目的地学习。

（2）真正贯彻了区别对待的教学原则。基础好的学生只需要较短的时间就可以达到某一步子的技术标准，进入下一步的学习；水平一般的学生需要刻苦学习一段时间才能达标，然后进入下一阶段的学习；基础差的学生为了不落

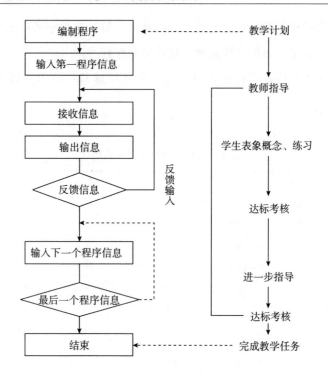

图7-1 乒乓球程序教学法具体操作程序

后，会更加勤奋努力。总之，程序教学法可以激励不同技术水平的学生。不同层次的学生练习适合自己水平的内容，这是区别对待教学的表现。

（3）加强了考核的信息反馈环节，将学生学习的积极性有效激发出来。乒乓球运动量较小，打球方式有很多变化，所以学生对乒乓球课有浓厚的兴趣，但他们在学习乒乓球技术时不喜欢被过分约束，这会对其正确动作技能的形成造成影响，如果出现错误动作，他们也不能及时改正。运用程序教学法会考核学生每一步的学习内容，这就能够及时发现学生的错误并使其迅速改正，学生也会因此而养成严格要求自己的好习惯。

（4）能够培养学生独立完成作业的能力。在乒乓球课上，教师不可能花很多时间来专门辅导某个学生，学生最主要还是要靠自己努力来掌握技术，独立完成每一步的练习，一步步向最终的目标靠近，这就有效培养了学生的独立思考与学习的能力。

（5）能够培养学生的教学能力。在乒乓球技术课上，基础好的学生快速掌握了技术后，还要帮助其他同学，这样不仅能够巩固自己的学习所得，也能帮助同学进步，并配合教师尽快完成教学目标。在程序教学法的实施过程中，最初学生都在一条"起跑线"上，教师提出统一要求。随着不断的练习，基础好的学生与基础较差的学生在学习进度上就会拉开距离，经过达标考核后，达到某一步子的标准的学生会进入下一学习阶段，此时教师只对这些学生进行指导。后进学生在某一步子中达标后，由先进学生指导他们练习下一步的内容。教师一边观察，一边辅导，这对先进学生来说是非常好的锻炼机会，他们通过担任"教师"角色，可以形成一定的教学能力，对于将来可能走上教师岗位的学生来说，这些机会能够为其顺利适应教师工作而奠定基础。

（二）程序教学法在乒乓球教学中的运用

在乒乓球教学中运用程序教学法，一般要按照以下步骤来组织实施：

（1）在乒乓球教学的开始阶段，鉴于不同学生的乒乓球运动经历和基础水平不同，所以要先组织一次针对所有学生的测验，记录测验结果，以便与以后的成绩作对比，从而了解学生的进步情况和学习接受能力。初始测验主要包括以下内容：

1）发球。看学生是否可以按规则要求发球和掌握发球方式。

2）推挡球（有三个回合，统计各回合板数）。

3）正手攻球（有三个回合，统计各回合板数）。

4）搓球。看学生是否能够控制好弧线，同时要统计板数。

（2）要求所有学生一次课完成第一个程序内容，以传统教学为主，教师先讲解示范，然后学生练习，教师巡回辅导。第一程序内容不需要学生在台上练习，所以很容易掌握。

（3）第二程序开始，教师先示范，学生台上练习，此时不同学生的水平差别就会显示出来。教师进行个别指导，观察学生掌握技术的程度，适时对学得快的学生进行测验，学生达标后，教师指导其学习和练习下一步内容。

（4）让学得好、学习进度快的学生指导学得慢的学生练习新的内容，教师提供辅助。

（5）在每节课开始时，教师对处于不同学习进度的学生，从低到高进行配对安排，明确提出本次课要重点解决的技术问题、易犯错误及纠正方法，并对不同学生提出不同要求，使他们清楚自己的目标与方向，也便于对自己的练习效果做到心里有数。教师在课堂上选择适当时机组织升级达标测验，让学生逐步完成每个步子的练习。

（6）在教室张贴学生的学习进度表，并在学生学习进度表上详细登记每个学生完成每一步子学习内容所用的时间，以全面掌握全体学生的学习进程。

（7）观察学生的学习进度表，适机讲授乒乓球技术理论，使学生将理论知识运用到练习中，更好地指导实践，提高学习效率。

二、领会教学法

（一）领会教学法概述

领会教学法注重培养学生的"战术意识"，在整个教学过程中使用这一教学方法，能够将学生素质与技战术的培养有机结合起来，促进学生全面发展，这是"领会教学法"与传统教学法相比所具有的优势。

在传统教学中，教师自顾自地教学，一切都按部就班，不主动去了解学生的掌握程度、学习情况，从而导致学生无法自主学习，学生渐渐失去对课程的乐趣。领会教学法则不同，教师让学生学习一段时间并掌握一定技能后，再根据学生的实际情况进行针对性的技术教学，引导学生将所学技术灵活运用于实战中，提高学生的技术运用能力，促进学生进步，使学生体会成就感，从而使其学习兴趣更浓厚，自主性更强。

在实施领会教学法的特定教学阶段，教师会不断组织训练与比赛，使学生在反复练习和比赛中巩固技术，从而灵活运用技术动作。

领会教学法注重培养学生的判断和决断能力，同时培养学生的认知能力，使学生清楚自己的学习进步情况，教师根据学生的学习效果而不断改善教学过程，严格把控各个教学环节，更有目标地实施教学，争取所有学生都能获得最大程度的进步。

（二）领会教学法在乒乓球教学中的应用

在乒乓球教学中科学合理地采用领会教学法具有重要意义。为了充分发挥这一教学方法的作用，切实提高教学质量，需要从以下几方面着手来提高实践应用效果：

1. 更新教学理念

在体育教学中，教学理念是非常重要的精神支撑，因此在乒乓球教学中要不断更新教学理念，引进优秀的教学理念，与时代接轨，改造传统教学理念中不合理的因素，充分发挥领会教学法的优势，营造和谐的教学氛围，大力培养学生的实战能力，提高乒乓球教学水平。

2. 提高乒乓球教师的综合素质

领会教学法在乒乓球教学中的作用是通过乒乓球教师的实施而实现的，该方法的实施效果与乒乓球教学质量直接受乒乓球教师综合素质的影响。不断提高乒乓球教师的综合素质，能够保障良好的教学效果。培养教师的综合素质要从以下几方面进行：

（1）提高入职门槛，在新教师考核中将综合素质作为重点，争取将全面发展的高素质优秀教师聘请到学校。

（2）组织乒乓球教学赛课，规定教师采用领会教学法进行教学，这有助于激发教师对领会教学法的探究热情，也能为乒乓球教师之间的交流提供平台，并提高乒乓球教师的竞争意识。

（3）建立培训体系，对乒乓球教师的执教能力牢牢把关，进一步提高教师实施应用领会教学法的能力。

3. 改革乒乓球教学方式

教师要加强对乒乓球教学方式的创新，在乒乓球教学中引进先进的多媒体技术，培养学生的兴趣。如果一味将教师讲解作为主要教学方式，容易导致教学氛围枯燥，使学生失去学习兴趣。教师可以在乒乓球课堂上利用互联网 3D 技术以抽象的动画模拟来分解乒乓球动作，或采取仿真观摩战术的策略，使学生获得直观感受，提高学习兴趣。

4. 优化乒乓球教学环境

乒乓球教学的开展需要基本的教学场地，学校应在这方面加大资金与人力资源的投入力度，修建场地，购置器材与设备，不断改善乒乓球教学环境，从而在良好的教学环境中更好地实施领会教学法，为提高教学效果而奠定物质基础。

在优化与改善乒乓球教学环境的过程中，最主要的是更新乒乓球器材、教材。现阶段，乒乓球器材设备陈旧、老化等问题在一些学校普遍存在，这直接影响了学生学习乒乓球的兴趣，要在乒乓球教学中顺利实施领会教学法，要求学校改变乒乓球器材设施条件的现状，购置新的教学器材，满足教学的需要。

另外，学校要及时更新乒乓球课程教材，并以最新教学方法实施乒乓球教材中的内容，或者在课堂上引入多媒体教材，将现代信息网络技术充分运用到教学中，教师以教学内容、学生的接受能力、学校的教学条件等为依据对网络资源中的图片、视频等多媒体形式灵活运用，直观、形象地解读对乒乓球技术动作，活跃课堂气氛，从而更好地开展教学工作。

总之，领会教学法因为具有强大的优势和突出的作用而被广泛运用到乒乓球课堂教学中，成为乒乓球教学改革创新的重要路径之一。在乒乓球教学中实施领会教学法，符合当代学生的学习特点，能够促进学生学习效果的提升，培养学生的思维能力和实战能力，使学生树立全局意识，进而提高学生的综合能力，此外还能增强学生的体质，这与现代素质教育的理念相符。乒乓球教师应充分认识到领会教学法的意义，并科学操作与实施，以良好的实践效果使推广这项教学方法更有说服力。

三、分层升降教学法

（一）分层升降教学法概述

分层升降教学法是在分层教学法的基础上调整教学层次的新兴教学方法。乒乓球运动的技术性很强，将分层升降教学法运用到乒乓球课程教学中，可根据不同学生的实际情况设定不同层次的目标，充分调动学生学习的积极性。

分层升降教学法具有以下特点：

1. 强调学生的主体地位

分层升降教学法要求教师从每个学生的不同特点出发实施有针对性的教学，科学制定教学目标的同时，正确评价每一位学生，区别对待，因材施教，促进学生全面发展。在这一教学方法的实施中，学生的主体地位得到重视，学生充分发挥自己的主观能动性，积极主动地投入学习。经过不断努力，学生不仅完成了学习目标，还上升到了更高的层次，成就感倍增，而且更有信心学习后面的知识。

2. 对教师提出了新要求

分层升降教学法体现了因材施教的教学理念，该理念与该方法对教师提出了更高的要求，具体表现在以下几方面：

（1）教师需要详细了解每位学生的个人特点、学习情况，并在备课时多花一些时间和心思，基于学生实际情况而实施分层教学法。

（2）教师要严谨组织与实施教学，有效调节课堂教学气氛，严格把控学生的学习时间。

（3）教师要在课堂结束前对学生进行客观、准确评价，这就对教师的总结能力提出了一定的要求，教师要指出学生在学习中的普遍性问题，引导他们改正。

3. 培养学生竞争意识

现代社会中竞争无处不在，学校要适当培养学生的竞争意识，使其将来更好地适应充满竞争的社会环境，避免被社会淘汰。在乒乓球教学中运用分层升降教学法，可以培养学生的竞争意识。具体来看，在这一方法中，教师将学生分为不同的层次，不同层次和同一层次的学生之间都存在一定的竞争关系，教师要有意识地培养学生的竞争能力和适应能力。

总之，在乒乓球教学中运用分层升降教学法，可提升乒乓球教学质量，提高学生的个人素质，促进学生成长与成才。

（二）分层升降教学法在乒乓球教学中的运用

在乒乓球教学中，学生是主体，对学生层次划分的合理性直接影响教学效果。因此在开展具体的教学工作前，教师应合理设计教学内容，并进行动态调整，确保内容合理，能提升学生的层次和学习水平。在乒乓球教学中应用分层升降教学法，要贯彻系统性教学原则，循环控制整个教学流程，根据学生的学习情况确定升降幅度，为学生的后续学习打好基础。

具体而言，分层升降教学法在乒乓球教学中的运用和实施过程如下：

1. 客观分层

乒乓球教师应根据学生的乒乓球技术水平进行分层，并向学生说明实施分层升降教学的原因，让学生更好地接受分层升降安排，避免学生出现抵触心理或不良情绪。另外，学生也要明确自己的学习目标，教师应多鼓励和辅导低层次学生，帮助他们掌握乒乓球技术，使其获得成功的体验。例如，为了充分展示分层升降教学法的功能和应用效果，教师在乒乓球课堂上对学生进行不同层次的划分，并在其他两位教师的配合下测试学生对反手推挡、左推右攻和正手发球这三项基本技术的掌握情况。根据学生在测验中的表现来打分，将没有达到平均分的学生分到 B 层，超出平均分的学生分到 A 层。

需要注意的是，在乒乓球教学中运用分层升降教学法，并不是拆分原教学班，而是从不同学生的实际情况出发采用不同的教学方式和考核方式来进行教学，从而激发学生的进取心与竞争意识，使学生向更高层次努力。

2. 制定不同层次的教学目标

分层升降教学法有非常明显的优势，不同层次学生的乒乓球技术水平虽然存在差异，但差异不是很大。教师可以针对不同层次的学生制定相应的教学目标，但要保证不同层次的学生经过努力后可以达到相应层次的目标，否则升降教学的功能无法体现。例如，A 组学生技术水平较高，在教学中，教师要通过竞赛、专项训练等方式为学生提供更多的时间和机会来使其锻炼乒乓球技能，从而使学生获得更高水平的提升。针对 B 组学生的教学应以基本技术为主，先让学生掌握乒乓球单个技术，再传授专项知识。学生熟练掌握某一技术后，可以将这种效果扩展到其他技术的学习中，从而掌握更多的技术，这就显示出了升降作用，也提升了学生的技术水平。

3. 设计教学组织形式

在分层升降教学中，教师多采用小组合作形式来组织教学，教师划分学习小组，技术水平是否相似是主要划分依据，水平相似的学生在同质学习小组，教师确定这一小组的学习内容和目标。教师也会将不同技术水平的学生共同安排到异质学习小组，让基础好、水平高的积极分子带动学习懒散、水平低的学生，帮助他们提高学习兴趣和学习能力，提高技术水平，这也能够对学生的团结协作能力进行培养。

4. 不同层次之间相互交流

在实施分层升降教学时，不要将学生永久定格在同一层次中，教师需要适当调整学生的层次，这是为了提升学生的自信心和学习积极性，突出升降效果。调整层次后，教师依然要区别对待，因材施教，加强与学生之间的互动，并鼓励不同层次之间的相互交流，主要是鼓励高层的学生帮助低层的学生，促进低层学生进步，从而实现共同进步，提高教学质量。

四、知情交融教学法

（一）知情交融教学法概述

知情交融教学法指的是在教学中采取一定策略，有效改善一些具体的教学问题，激发学生学习的热情、兴趣，调动学生的积极性，最终实现因境生情、以情促知、以知增情、知情互促、知情和谐的教学效果的方法。在教学中运用这种教学方法，需要教师、学生和教材之间有效配合，缺少任何一个因素，都无法实现预期效果。因此，在乒乓球教学中采用这一教学方法，必须站在学生角度讲究方式方法。

在教学实践中，不管采用哪种教学方法，都是为了取得好的教学效果，实现教学目标，如果效果不好，预期目标没达成，则表明所采用的教学方法不合适或者教学方法的作用没有充分发挥出来。在乒乓球教学中采用知情交融教学方法，是为了让学生更好地学习和掌握乒乓球技术，知情交融教学与其他教学方法的区别在于其更加关注教学过程，不是为了达到教学目标而不在乎过程。在实施知情交融教学策略的过程中，还要密切关注师生之间的相处状态，观察教师对该方法的实施是否合理，学生对这种教学方法是否适应，只有不断观察，不断调整，才能在教学实践中真正实施好这个教学方法，发挥该方法的作用，实现更好的教学效果，达到预期的教学目标。

（二）知情交融教学法在乒乓球教学中的应用

要在乒乓球教学中很好地实施和应用知情交融方法，充分发挥这一方法的作用，需要做到以下几点：

1. 关注学生的心理特点

在乒乓球教学中，为了让学生更积极地投入到学习和锻炼中，需要密切关注学生的心理特点，在此基础上将知情交融教学策略运用到课堂教学中，使学生对乒乓球课程产生浓厚的兴趣，在学习过程中获得快乐的体验。

关注学生的心理特点是实施知情交融教学方法的前提，具体要从以下几方面来关注：

（1）关注学生心理发展的阶段特点。学生的心理发展在不同阶段具有不同的特点，这从感知、记忆、思维、想象、情感、学习动机等方面都能体现出来，通过分析这些特点，可判断是否可以实施知情交融教学方法。

（2）考虑学生心理发展的个体差异。学生的心理发展有共性特征，也有个体差异，所以不同学生在学习中可能遇到不同的问题，而且掌握知识的能力也有差异，进行知情交融教育需要充分考虑学生的个体差异，满足不同学生的需求，以免影响学生学习的积极性。

（3）考虑学生团体心理特点。学生团体心理特点是指学生在同一个学习共同体中学习后形成的团体心理气氛，也就是"心理场"，团体心理特点具有稳定性和规律性，具体表现在一起学习的学生的学习态度、交流方式等方面，良好的学生团体心理也是构建和谐教育环境的重要条件。

2. 尊重课程的客观规律

在不同的课程教学中需采取不同的知情交融教学策略，因此对学生的感知思维方式、情绪体验内容等提出的要求也有一些差异。所以在进行知情交融教育的过程中，要与教材的要求充分结合起来，按照课程规律进行符合教材特征的教学，从而保障教学的科学性和有效性。在乒乓球教学中，教师希望学生能打好乒乓球，掌握打球技巧，并让学生从中体会乐趣，培养想象力和创造力，这也是知情交融教育的目的，为了更好地实现该目的，必须牢牢掌握乒乓球课程的教学规律，不能太主观，否则就是对教学工作不负责任。

3. 灵活使用各种教学方法，实现知情交融教学目标

在乒乓球教学中必须灵活实施知情交融教学策略，这样才能达到教学效果

的最优化，顺利实现教学目标。具体来说，在实施该方法时，要充分考虑实际需要，不能简单模仿，不能死板教条地只看教材，而要区别对待，因人而异，因材施教。教师要用相对辩证的方式给学生传授科学知识，使学生在获取知识的同时积极思考。教师不能一味让学生积累学习的知识量，而应让学生掌握正确的学习方法和学习技巧。知情交融教学方法要求教师从教学内容出发灵活教学，使学生充分掌握知识与技能。

在乒乓球教学中，学生的学习方法与教师的教学方法同等重要，教师要采用科学的教学方法引导学生从被动学习转变为主动掌握和探索，这体现了学习方法的根本性转变。在教学中，还要培养学生的社会化精神，提高其社会适应性，使其在掌握多种学习方法的基础上更好地认识社会，适应社会。

4. 重视师生交流，营造知情交融的良好教学氛围

师生间的沟通与交流是实现知情交融教学目标的关键，合理的沟通与互动可形成知情交融的教学氛围，使课堂氛围更加融洽。而好的课堂教学环境又会给学生带来温馨舒适的感觉，使师生关系更稳固和谐，这有助于调动学生的学习积极性，促进知情交融教学目标的实现，形成良性循环。

在乒乓球教学中要营造良好的知情交融教学氛围，需要教师充分发挥主导作用，深刻理解教材中的知情因素，保障教材的实施效果。同时教师还要加强与学生的沟通，建立顺畅的沟通与互动机制，了解学生对教材内容的理解与掌握能力，从而更有针对性地组织教学工作。

第三节 乒乓球运动教学的模式创新

一、乒乓球运动教学模式的创新思路

乒乓球教学模式是乒乓球教学的重要组成部分，对这一要素进行改革与创新，对提高乒乓球教学质量具有重要作用。目前，随着我国基础教育课程、体

育教学改革的不断深化，传统教学模式的改革也越来越深入，有关人员不断探索与试行新的体育教学模式，以适应新时代发展的要求。对乒乓球教学模式进行改革与创新的思路如下：

（一）在教学目标方面勇于突破传统的思维束缚

在乒乓球教学中，只有明确教学目标，才能明确努力的方向。传统教学目标不符合现代素质教育的要求，传统乒乓球教学理念一直没有更新，所以培养的人才也不符合社会的真实需要。所以，在乒乓球教学中首先必须优化更新教学目标，明确素质教育目标，以便在教学过程中更好地把握重点教学内容和技术。

第一，乒乓球教师要了解传统教学目标存在哪些弊端，了解这些弊端对实施素质教育的阻碍，然后在教学过程中摒弃传统落后的思想理念，勇于突破和创新，创建轻松、快乐的教学环境与氛围，使学生轻松愉快地投入到学习中。

第二，在乒乓球教学中要引入一些现代化的，具有健身性、娱乐性的元素，选择对当代学生发展有积极影响的教学模式，然后因材施教，促进学生个性发展。

（二）在教学内容方面注重课程结构的优化

我国体育教学计划具有统一性，各校基本都是按统一的教学计划制定教学目标的，所以教学目标基本相同，进而导致体育教学内容千篇一律，毫无特色与新鲜之处，这样的问题自然也出现在乒乓球这一体育运动项目的教学中。乒乓球教学内容单调乏味，缺乏创造性，不够新颖，学生的学习兴趣下降，而且也不利于培养学生的创新精神。

相比而言，体育强国的体育教育更为科学、先进。例如，美国大学并没有统一的教学计划，学校都是从自身实际出发制定本校的教学目标，从而优化调整体育教学内容，调动学生学习的积极主动性，培养学生的创新意识与能力，这体现了教学的自由性和自主性。所以，要想真正实现乒乓球教学模式的改革和创新，就要不断调整与优化乒乓球课程的内容和结构，根据素质教育的要求不断创新，增强学生体质，培养学生的综合素质，实现学生全面发展的教学目标。

（三）在师资方面注重提升教师的素质水平

在乒乓球教学过程中，教师的综合素质和业务水平直接影响甚至直接决定教学质量，因此在乒乓球教学模式的改革和创新中，要培养乒乓球教师的业务素质，提高其素质水平。在建设乒乓球师资队伍的同时，要努力培养教师的专业素养与创新能力，并将具有创新意识和掌握个性化教学方式的教师引进师资队伍中，优化师资队伍结构，提升教学水平。

学校要积极鼓励乒乓球教师进修和再教育，并为其提供支持，使教师全面掌握教育、训练、管理等相关知识，提高知识文化水平和实践能力。另外，还要鼓励乒乓球教师参加相关科研项目，培养其科研精神和创新能力，使其在教师岗位上更好地发挥作用，培养优秀的人才。

总之，在素质教育背景下，要加强对乒乓球教学模式的革新，乒乓球教师要学习先进教学理念，不断提升自己，完善自己，要充分尊重学生的主体地位，要不断优化课程结构，创新教学方式，进而提高乒乓球教学质量。

二、乒乓球运动教学的新模式

（一）俱乐部教学模式

1. 俱乐部教学模式的特征

俱乐部教学模式的特征是：学生可以自主选择学习与练习时间，比传统教学更灵活，也更自由。俱乐部教学中通常采用分层教学法，比较重视学生的个体差异，鼓励学生发挥自主学习能力，通过分层教学来提高不同层次学生的学习效率。实施分层教学前，一般以俱乐部的要求为依据组织测试，然后根据测试结果分层，从而使不同学生的需求都能得到满足，同时提高教学效果。

2. 俱乐部教学模式的优势及意义

乒乓球俱乐部教学模式倡导综合评价学生，因此学生不仅要有良好的身心素质，掌握乒乓球基本技术，还要具备一定的体育素养，如良好的体育意识、体育精神等。这种教学模式可以使不同层次的学生充分参与乒乓球运动，可以使学生的学习兴趣、学生自主性得到有效提高。

俱乐部分层教学模式的优势尤其能够从身体素质较差、乒乓球运动水平较差的学生中体现出来，因为这种教学方式可以激发基础较差的学生的自信心、上进心，使学生获得足够的动力来投入到乒乓球学习中。在俱乐部教学模式的实施中，没有硬性指标的限制，因此可以全面地照顾到有个体差异的学生，也能优化教学效果。

在乒乓球教学中实施俱乐部教学模式，还能充分利用学校的乒乓球场地设施、师资力量，合理利用各种教学资源，避免资源浪费。

3. 乒乓球俱乐部教学的实施步骤

在乒乓球教学中实施俱乐部教学模式，要从以下几方面着手：

首先，树立正确的主导观念，确定教学方案。树立正确的主导观点主要是培养学生自主学习的习惯，进而培养其终身锻炼的意识，使其坚持体育锻炼。

其次，在具体教学中贯彻因材施教的教学原则，准确了解学生的身体素质、运动水平，然后划分层次，制定不同层次的教学目标，安排相应的教学内容。同时采用符合不同层次学生实际情况的教学方法，合理安排运动负荷，避免学生发生损伤而影响持续学习与锻炼。

最后，组织乒乓球比赛，培养学生的实战能力，巩固与提高学生的乒乓球技术水平，并通过观察学生在比赛中的表现了解其短板和问题，及时指导与纠正。

4. 乒乓球俱乐部教学的质量考察

在乒乓球教学评价中，不仅要看学生的乒乓球技术水平，还要引导学生的参与度、进步程度等作为考核指标。在学期教学结束时，组织期末考试，将考试成绩记录在学生档案中，学生档案中还应记录学生的身体素质、上课次数、学习态度、进步情况、比赛情况等信息，综合比较这些数据的变化，然后做出评价。

在乒乓球俱乐部层次教学中应明确制定层次升降等级标准，通过考核来激发学生学习，并使学生充分认识自己的优缺点，发挥优势，及时改正缺点，提升短板，发挥优势，不断进步。

(二)"微教育"模式

1."微教育"模式的内涵

"微教育"模式起源于美国，这是将现代化教学课程和现实意义上的实践结合在一起的一种教学模式，旨在通过关注细节来提高教学效果，这些细节往往对"微教育"模式实施效果有重要影响的因素。在教学中采用"微教育"模式，能够充分调动学生学习的积极主动性，提高学生的学习效率。

2. "微教育"模式的特点

（1）准确定位教学目的。"微教育"模式可以从学生的学习特点和实际需求出发，安排相应的教学内容，从而与学生学习的目的和需要相匹配。

（2）理论与实践有机结合，通过理论熏陶和实践培养提升学生的理论认知水平和实践能力。

（3）注重细节，采用角色扮演的方式对学生换位思考的能力进行培养，让学生在考虑问题时能够从特定角色出发，从而提升学生发现与解决问题的能力。

（4）采用反馈的方式了解学生的学习效果，如掌握知识的准确性、完整性等，及时采取措施来弥补学生还没有准确掌握的地方，促进学生不断进步。

3. "微教育"模式的实施

（1）制订教学计划。对乒乓球教学计划的制订要以一定的教育目的和培养目标为依据，科学合理的教学规划是顺利实现乒乓球教学目的和良好教学效果的关键。

（2）构建良好的教学环境。实施"微教育"模式，要构建良好的教学环境，只有保证教学设施数量充足，质量好，保证教学环境良好，学生才能更积极主动地学习理论知识和参与实践练习，学生参与乒乓球运动的热情才会提升，学习质量才会得到优化。

（3）开展教学实践。在乒乓球教学中，要取得良好的教学效果，不仅需要教师组织好课堂教学，还要引导学生重视自主学习与练习，学生只有先学习理论知识，再运用理论指导实践练习，才能实现理论与实践的有机结合。"微教育"模式要求学生在学习相关理论知识后，进入运动赛场转变成运动员的角色进行乒乓球练习，然后观看与研究自己的练习录像，发现自己的不足，不断改进。

（4）开展教学评价与教学交流活动。在乒乓球教学中实施"微教育"模式，为了更全面地考量与评估乒乓球教学效果，可在乒乓球教学评价中将教师与学生的自我评价，教师与学生之间、学生之间、教师之间的相互评价等多种评价方式充分利用起来，全面客观地评价，及时发现教学中的问题，从而不断完善教学的各个环节，最终提高教学效果。此外，学校也要组织教师之间的教学交流活动，让教师之间取长补短，相互学习，共同提高。

（5）优化考核机制。在乒乓球教学中为了了解学生学习的真实情况，提高学习效果，要对学生进行不同形式的考核，这就需要建立与完善考核机制，合理安排考核内容，创新考核方式，充分发挥考核的作用，从而客观评价学生对乒乓球理论知识的掌握情况及技术水平。

总之，在乒乓球教学中实施"微教育"模式具有重要意义，教育工作者有责任对该模式进行宣传与推广，使其在其他课程的教学中也能发挥作用。

（三）"双养"模式

"双养"模式是以我国"全面实施素质教育，培养创新人才"的人才培养目标为指导思想，在教学过程中将培养学生的科学素养和人文素养统一起来的新兴教学模式。近年来，教育界十分重视"双养"模式在教学中的应用，该模式在乒乓球教学改革中具有良好的借鉴作用。

乒乓球教学能够促进学生身心健康水平的提升、体育意识的增强、体育能力的提高和良好体育锻炼习惯的形成，能够培养全面发展的满足社会需要的新型人才，也能够促进体育教学的进一步发展，推动素质教育和全民健身在教育领域的落实。从乒乓球教学的重要性以及乒乓球运动在我国的发展现状来看，将"双养"模式运用到乒乓球教学中是可行的，而且对乒乓球教学具有重要意义，具体表现为普及乒乓球运动奠定基础、扩展学生的知识面、培养学生的终身体育意识等。

在乒乓球教学中实施"双养"模式，具体从下列三个阶段来落实：

1. 发现阶段

发现阶段包括以下两个环节：

（1）提出问题。提出问题环节具体按以下步骤实施：

1）身心准备。

2）必要演示。

3）导入新课。

4）出示目标。

5）设疑。

在课程的开始就要进行热身活动，教师要严格监督，然后按上述步骤展开教学。

（2）分析问题。每个学生都有自己的想法，教师要鼓励学生大胆地提出自己的想法，尊重学生的想法，然后让学生进行自主分析评价，培养学生的思维能力。教师还可以从教学内容和学生的实际情况出发让学生扮演主角。这一环节既要注重对学生科学素养的培养，如科学知识、方法、态度和精神等，又要关注对学生人文素养的培养，如人文知识、人文精神和社会能力等。例如，在正手击球教学中，让学生自由讨论，使其对轴动的含义、方法有深刻体会，让学生亲自参与练习，使其切身感受准确的动作和击球的瞬间速度。

2. 合作阶段

合作阶段包括以下三个环节：

（1）独立学习。学生独立学习乒乓球技术会经过独立思考、模仿、反馈、不断练习等几个学习步骤。

（2）师生对话。乒乓球教学中，师生要靠"对话"来进行沟通，这并非是指言语的应答，而是强调师生之间应"敞开""倾听""接纳""共享"，从而实现"精神互通"，这是全方位的一种沟通方式。这要求师生在教学中以各自的经验，用独特的表现方式，如思想碰撞、合作探讨、意见交换、心灵对接等，实现知识的共享与全面发展。

（3）小组学习。利用教学中的集体因素，让小组成员之间相互讨论，互帮互学，从而提高学生学习的积极性与学习质量，同时培养学生的社会性。一般在单元教学的开始对学生进行分组，明确各组的学习目标，使各组成员团结一致，凝聚一心，共同朝目标方向努力。在每个教学单元的前半部分，小组学习主要应发挥教师的指导性，在后半部分，小组学习主要强调发挥学生的主体性，此时教师起参谋作用。而且在单元教学的前半部分，小组学习则以学习活动为主，在后半部分，小组学习主要是相互交流与练习。在单元教学结束时，各小组总结，或组织小组间比赛。

3. 反思提升与多元评价阶段

反思提升与多元评价阶段包括以下三个环节：

（1）创设情境巩固提高。在学生基本掌握乒乓球技术后，教师创设班级表演、比赛等与教学内容相关的特定情境，以巩固与提高学生的技术能力。

（2）诊断性评价。教师进行诊断性评价的同时也要鼓励学生自评和学生互评。

（3）单元形成性测验。在单元教学结束后组织测验，了解学生的掌握情况，为后面的教学安排提供参考。

以上三个阶段是实施"双养"教学模式的完整过程，这些工作对乒乓球教师的专业素质提出了较高的要求，教师不仅要掌握体育教学方法、教学技能，还要不断提高自身的综合素质，精益求精地探讨教材的科学知识、深入挖掘教材的人文教育意义。

（四）其他新模式

1. "掌握学习"教学模式

"掌握学习"教学模式是指乒乓球教师在课堂上给学生提供充足的学习时间，使学生自主掌握学习内容的教学模式。

在乒乓球教学中实施"掌握学习"教学模式时，乒乓球教师应依据不同阶段的教学目标划分教学内容，然后根据学生的实际情况由简到繁、由易到难、循序渐进地逐一实施各个单元的教学内容，每结束一个单元的教学，做形成性评价，了解每个学生的掌握情况，及时发现与解决学生在学习中普遍存在的问题，实施完所有单元的教学内容后，进行终结性评价，整体了解学生的学习掌握情况，促进学生进步与提高。

2. 成功式教学模式

成功式教学模式指的是乒乓球教师引导学生制定符合自己特点和实际情况的乒乓球学习目标，然后鼓励学生努力，指导学生学习和练习，从而使其顺利完成目标，体验成功的喜悦，提高自信，进而向更高层次的目标努力的教学模式。

3. 案例学习教学模式

案例学习教学模式指的是乒乓球教师选择与实施典型的乒乓球教学内容和教学方式，使学生从个别到一般，全面掌握具有规律性的乒乓球知识与技能，从而培养学生自主学习能力和探索能力的教学模式。

4. 运动教育模式

运动教育模式是以游戏理论、团队学习理论、情景学习理论为指导思想，以教师直接指导、设计和组织教学，以合作学习和同伴学习为学习方法，通过固定分组、角色扮演等组织形式，在整个教学过程中以比赛为主线，给不同运动水平的学生提供真实丰富的运动体验的教育模式。

在乒乓球教学中采用运动教育模式能够进一步明确与强调学生的主体地位，提升学生的运动参与意识、改善学生的学习态度以及提高学生的学习兴趣，从而更好地培养学生的乒乓球战术意识、比赛能力以及社会适应能力。

传统教学模式要求按一般的教学单元来组织教学过程，而运动教育模式则要求分季前期、季中期和决赛期三个阶段实施教学，"运动季"教学代替了传统的单元教学形式。

参考文献

［1］曹青军．运动训练理论与实践［M］．北京：北京理工大学出版社，2010.

［2］陈云峰．乒乓球运动［M］．杭州：浙江大学出版社，2015.

［3］程序．乒乓球理论与方法［M］．武汉：中国地质大学出版社，2009.

［4］樊文刚，李健伍，袁春泰主编．球类运动教学与训练［M］．北京：中国商务出版社，2009.

［5］郝光安．乒乓球技战术训练与提高［M］，北京：金盾出版社，2010.

［6］姜涛．乒乓球教育［M］．长春：吉林大学出版社，2010.

［7］李荣芝，顾楠．乒乓球运动的历史与文化［M］．上海：同济大学出版社，2016.

［8］骆寅．现代乒乓球运动理论与实践的再剖析［M］．北京：中国原子能出版社，2018.

［9］马丽．乒乓球运动的多维度研究与技巧探索［M］．北京：中国纺织出版社，2015.

［10］彭博．乒乓球运动价值理论新探与学训指导［M］．长春：吉林大学出版社，2020.

［11］石磊，葛新发．运动选材概论［M］．济南：山东人民出版社，2009.

［12］唐建军．乒乓球运动教程［M］．北京：北京体育大学出版社，

2005.

　　[13] 吴成亮. 高校乒乓球健身理论与实践研究 [M]. 北京：中国纺织出版社，2016.

　　[14] 吴飞，陈占奎. 乒乓球实战攻防技术 [M]. 北京：金盾出版社，2016.

　　[15] 吴焕群，张晓建. 中国乒乓球竞技制胜规律的科学研究与创新实践 [M]. 北京：人民体育出版社，2009.

　　[16] 吴健. 乒乓球 [M]. 北京：化学工业出版社，2012

　　[17] 项正兴. 小球运动 [M]. 长沙：湖南师范大学出版社，2007.

　　[18] 肖焕禹. 体育传播学 [M]. 北京：人民体育出版社，2011.

　　[19] 杨翼，李章华. 运动性疲劳与防治 [M]. 北京：北京体育大学出版社，2008.

　　[20] 于少勇，赵志明. 基础体能训练 [M]. 北京：中国原子能出版社，2008.

　　[21] 袁文惠. 乒乓球教程 [M]. 郑州：黄河水利出版社，2009.

　　[22] 张诗维. 乒乓球、羽毛球、毽球 [M]. 西安：西安电子科技大学出版社，2016.

　　[23] 张天羽，周文龙. 乒乓球文化发展与运动教学研究 [M]. 长春：吉林人民出版社，2021.

　　[24] 张燕晓. 现代乒乓球运动多维度探究举要 [M]. 北京：科学技术文献出版社，2018.

　　[25] 张钰晨. 乒乓球运动的多元发展与教学训练创新研究 [M]. 北京：九州出版社，2019.

　　[26] 赵雷，周兴伟. 球类技巧 [M]. 北京：中国社会出版社，2007.

　　[27] 邹克扬，贾敏. 运动医学 [M]. 北京：北京师范大学出版社，2010.